T0098784

Charles Ramond est Professeur à l'Université Paris 8 Vincennes Saint-Denis et Directeur du « Laboratoire d'Études et de Recherches sur les Logiques Contemporaines de la Philosophie » (EA 4008 LLCP).

DESCARTES
PROMESSES ET PARADOXES

DANS LA MÊME COLLECTION

BARBARAS R., *La perception. Essai sur le sensible*, 120 pages, 2009.

BENOIST J., *Éléments de philosophie réaliste. Réflexions sur ce que l'on a*, 176 pages, 2011.

GODDARD J.-Ch., *Violence et subjectivité. Derrida, Deleuze, Maldiney*, 180 pages, 2008.

LAUGIER S., *Wittgenstein. Les sens de l'usage*, 360 pages, 2009.

MOMENTS PHILOSOPHIQUES

Charles RAMOND

DESCARTES
PROMESSES ET PARADOXES

PARIS
LIBRAIRIE PHILOSOPHIQUE J. VRIN
6, place de la Sorbonne, V^e
2011

© *Librairie Philosophique J. VRIN*, 2011
Imprimé en France

ISSN 1968-1178
ISBN 978-2-7116-2374-7

www.vrin.fr

INTRODUCTION*

> « *Pourquoi préférer écrire sur des cartes ?* »
> Jacques Derrida, *La Carte Postale*, p. 26.

Dans la 3ᵉ partie du *Discours de la Méthode* se trouve un passage bien connu, sur lequel je souhaiterais néanmoins encore une fois attirer l'attention. À la fin de la première de ses « maximes » de morale par provision, Descartes écrit :

> Et, particulièrement, je mettais entre les excès toutes les **promesses** par lesquelles on retranche quelque chose de sa liberté. Non que je désapprouvasse les *lois* qui, pour remédier à l'inconstance des esprits faibles, permettent, lorsqu'on a

* Ce livre a pour origine une communication faite à l'Université de Rio de Janeiro, à l'invitation de Ulysses Pinheiro, Professeur au Département de Philosophie, Université Fédérale de Rio de Janeiro (Universidade Federal do Rio de Janeiro – UFRJ), lors du colloque « Descartes et Spinoza » (22-25 avril 2009) et publiée depuis (« Pourquoi Descartes se défiait-il des promesses ? » dans *Descartes e Espinosa*, *Analytica – Revista de Filosofia*, vol. 13, n° 2, 2009, p. 29-63). Nous sommes heureux de pouvoir ici lui témoigner notre reconnaissance, ainsi qu'à Marcos Gleizer (Universidade Estadual do Rio de Janeiro – UERJ) et à Lia Levy (Universidade Federal do Rio Grande do Sul – UFRGS), autres collègues de cette jeune et savante école de philosophie moderne brésilienne.

quelque bon dessein, ou même, pour la sûreté du commerce, quelque dessein qui n'est qu'indifférent, qu'on fasse des *vœux* ou des *contrats* qui obligent à y persévérer; mais à cause que je ne voyais au monde aucune chose qui demeurât toujours en même état, et que, pour mon particulier, je me **promettais** de perfectionner de plus en plus mes jugements, et non point de les rendre pires, j'eusse pensé commettre une grande faute contre le bon sens, si, pour ce que j'approuvais alors quelque chose, je me fusse obligé de la prendre pour bonne encore après, lorsqu'elle aurait peut-être cessé de l'être, ou que j'aurais cessé de l'estimer telle [1].

Pour être bien connu, ce passage plutôt singulier, aussi bien chez Descartes que dans l'histoire de la philosophie, reste assez étonnant en lui-même. Les « promesses », en effet, sont généralement valorisées, comme contextes propices à des conduites ou à des comportements moraux. On est donc surpris de cette charge contre les promesses, que la construction d'une morale par provision ne semblait pas directement appeler. En effet, s'il s'agissait de se comporter selon les coutumes les plus usuelles, le jeune Descartes [2] ne pouvait ignorer que les « promesses », le « respect des promesses » ou de la « parole donnée », et font encore incontestablement partie des mœurs les plus habituelles, les plus répandues, et les plus valorisées en société. Pourquoi donc les écarter, ou s'en écarter, au moment même où l'on déclare que l'on va « obéir aux lois et coutumes »

---

1. *Discours de la Méthode*, 3ᵉ partie, AT VI 23 31 – 24 17 (Édition Adam-Tannery, vol. VI, de la page 23, ligne 31, à la page 24, ligne 17). [Je souligne.]

2. Descartes a 41 ans lors de la publication du *Discours de la Méthode*, et donc ne peut pas être appelé « le jeune Descartes »; mais le récit qui est fait dans le *Discours*, y compris le choix d'une morale par provision, évoque un temps notablement antérieur.

du pays où l'on réside[1] ? Associer dans la même défiance les « promesses », les « lois », les « contrats » et même les « vœux », c'est-à-dire la politique, le commerce et la religion, revenait en effet quasiment à se placer en marge d'une société policée, commerciale, et religieuse comme l'était celle de la Hollande du XVIIe siècle, dans un geste de repli qui fut d'ailleurs reproché à Descartes[2].

En outre, si l'on peut admettre, absolument parlant, que Descartes aurait pu, en rejetant les promesses, ne rien vouloir ôter ou « retrancher à sa liberté », il n'en reste pas moins que toute la morale provisoire de Descartes, c'est-à-dire toute sa théorie de l'action, *consiste au contraire, précisément, à restreindre sa liberté*. Il s'agit même là du cœur de la morale cartésienne, telle qu'elle s'exprime dès le *Discours de la méthode*, et telle qu'elle restera sans modification, pour l'essentiel, jusqu'aux *Passions de l'âme* : à savoir, une théorie de la « résolution », de la « ferme et constante résolution », qui s'accompagne d'une critique toujours renouvelée de « l'irrésolution », de « l'inconstance », de tout ce que Descartes caractérisera comme le propre des « esprits faibles ».

---

1. *Discours de la Méthode*, 3e partie : « La première [maxime] était d'obéir aux lois et coutumes de mon pays, retenant constamment la religion en laquelle Dieu m'a fait la grâce d'être instruit dès mon enfance, et me gouvernant, en toute autre chose, suivant les opinions les plus modérées et les plus éloignées de l'excès » (AT VI 22 30 – 23 5).

2. Note de Alquié, *Discours de la méthode*, p. 594, sur le mot « contrat » : « cette assimilation des vœux religieux et des contrats commerciaux, la condamnation implicite des vœux religieux eux-mêmes, contenue en ce texte, devaient attirer à Descartes mainte critique. On l'y verra répondre, par exemple, dans la lettre à Mersenne du 30 août 1640 ». Voir *infra*, *Documents et discussions*, 1, p. 123-127.

La morale cartésienne ne consiste pas, en effet, à prolonger le doute théorique dans une irrésolution pratique (qui pourrait alors se manifester par une défiance sceptique à l'égard de toute forme de « promesse » ou « d'engagement »); mais tout au contraire, puisque les jugements pratiques sont toujours douteux et incertains, à agir *comme s'ils étaient certains*, et donc, comme l'expliquent les autres maximes de la troisième partie du *Discours*, à conclure du doute théorique, non pas à l'irrésolution, mais à la résolution pratique. La fameuse image du voyageur dans la forêt est celle de la vie même, aux yeux de Descartes, puisqu'il s'y agit de « trouver son chemin » (*quod vitae sectabor iter?*[1]). C'est l'image de la résolution, de la constance, de la persévérance, du respect absolu d'une règle qu'on s'est fixée. Elle a tous les caractères d'une promesse faite à soi-même, d'une « fidélité » par laquelle, de toute évidence, *on retranche quelque chose de sa liberté*. Je suivrai ce chemin plutôt qu'un autre, même s'il est douteux, parce qu'il est douteux, jusqu'au bout. De ce point de vue, la défiance que manifeste Descartes à l'égard des promesses, dans la première maxime, devient rétrospectivement tout à fait étonnante. On se serait au contraire attendu à ce qu'il y valorisât constamment les promesses, la fidélité à soi-même et aux résolutions une fois prises.

La disposition même du texte du *Discours* accentue d'ailleurs le contraste entre les deux exigences. Le refus de se lier par des promesses apparaît à la fin de la première maxime,

---

1. « Quel chemin suivrai-je dans ma vie ? », début de l'*Idylle* XV d'Ausone, sur lequel « tombe », selon Baillet, Descartes dans le « troisième songe » de la nuit du 10 au 11 novembre 1619, en ouvrant au hasard dans son rêve un « recueil de poésies » (*Corpus poetarum*).

et est immédiatement suivi (seconde maxime) par l'allégorie du voyageur dans la forêt, qui n'est autre chose qu'une description de la vie morale comme respect absolu d'une règle, d'un contrat, ou d'une promesse qu'on s'est faits ou donnés à soi-même :

> Ma seconde maxime était d'être le plus ferme et le plus résolu en mes actions que je pourrais, et de ne suivre pas moins constamment les opinions les plus douteuses, lorsque je m'y serais une fois déterminé, que si elles eussent été très assurées. Imitant en ceci les voyageurs qui, se trouvant égarés en quelque forêt, ne doivent pas errer en tournoyant, tantôt d'un côté, tantôt d'un autre, ni encore moins s'arrêter en une place, mais marcher toujours le plus droit qu'ils peuvent vers un même côté, et ne le changer point pour de faibles raisons, encore que ce n'ait peut-être été au commencement que le hasard seul qui les ait déterminés à le choisir : car, par ce moyen, s'ils ne vont justement où ils désirent, ils arriveront au moins à la fin quelque part, où vraisemblablement ils seront mieux que dans le milieu d'une forêt. Et ainsi, les actions de la vie ne souffrant souvent aucun délai, c'est une vérité très certaine que, lorsqu'il n'est pas en notre pouvoir de discerner les plus vraies opinions, nous devons suivre les plus probables ; et même, qu'encore que nous ne remarquions point davantage de probabilité aux unes qu'aux autres, nous devons néanmoins nous déterminer à quelques-unes, et les considérer après, non plus comme douteuses, en tant qu'elles se rapportent à la pratique, mais comme très vraies et très certaines, à cause que la raison qui nous y a fait déterminer se trouver telle. Et ceci fut capable dès lors de me délivrer de tous les repentirs et les remords, qui ont coutume d'agiter les consciences de ces esprits faibles et chancelants, qui se laissent

aller inconstamment à pratiquer, comme bonnes, les choses
qu'ils jugent après être mauvaises[1].

À lire le texte de près, le paradoxe sur les promesses était
même déjà entièrement présent dans l'énoncé de la « première
maxime ». Descartes, en effet, y déclarait avoir pris pour
règle de ne pas s'engager par des « promesses », *parce qu'il
« se promettait »* [alors] *« de perfectionner de plus en plus
ses jugements ».* Dans un nœud inextricable, le refus des
promesses découlait ainsi d'une première promesse à laquelle
il ne faudrait pas déroger, tout comme la liberté s'affirmerait au
plus haut point dans une première « résolution » par laquelle et
contre laquelle elle renoncerait par la suite à s'exercer. Mais
pourquoi cette première promesse à soi-même devait-elle donc
faire exception à la règle selon laquelle le sujet ne devait rien
« retrancher de sa liberté » ?

Le problème posé ici, généralement difficile, se révélait
particulièrement aigu dans le cadre du cartésianisme. Notre vie
morale doit naviguer entre les deux écueils que sont, d'une
part, l'inconstance ou l'irrésolution, et d'autre part l'obstination, ou, comme dit Descartes, l'opiniâtreté[2] ; autrement dit,
entre vivre sans règles, en s'abstenant de toute promesse, et
vivre en (s'en) tenant résolument (à) celles qu'on s'est données,
ou faites. Mais le propre du cartésianisme est justement de
refuser toute navigation à vue *entre* ces deux écueils. D'un côté
(D1) il maintient toujours une liberté absolue, qui en droit me
donne la possibilité à tout moment de changer radicalement
de comportement, et m'interdit donc de me lier par quelque
promesse que ce soit (ou, plus exactement, rend vaine toute

1. *Discours de la Méthode*, III, AT VI 24 18 – 25 19.
2. Cf. *infra*, chap. II, début, p. 31-35.

promesse). De l'autre (D2)[1] il pose la vertu comme fidélité résolue à une règle de vie. Et la difficulté vient ici du fait que la vertu ne réside pas dans le chemin pris, mais dans le fait de ne pas en changer : si bien que le changement de direction, toujours autorisé par la première maxime (D1), est toujours interdit par la seconde (D2).

De là naissait l'idée d'une enquête systématique sur cette question de la « promesse » et tout ce qui s'y rattache (« vœux », « contrats », « engagements », « obligations », ou « résolutions ») chez Descartes, et principalement dans sa correspondance (puisque la question de la « promesse » a nécessairement une dimension existentielle et personnelle). Descartes en effet, du fait de son éloignement de la France pendant presque toute sa vie d'adulte (quasiment 30 ans sur 54), a laissé une correspondance considérable, qui permet une telle enquête, à condition de prendre en considération toutes les lettres, y compris les plus familières ou les plus personnelles. Il s'agirait donc de mener une enquête à la fois doctrinale et biographique, informée par les problématiques contemporaines des « actes de langage » (dans lesquelles la « promesse » joue un si grand rôle), et soucieuse de comprendre non pas seulement ce qu'un philosophe « s'est promis » de réaliser, mais pourquoi, le plus souvent, quelque chose est venu faire obstacle aux promesses qu'il s'était faites. Cette enquête reconnaît donc très volontiers, pour commencer, ses dettes de méthode envers des philosophies comme celles de René Girard (pour le refus de séparer biographie, création littéraire et œuvre de pensée), de John

---

1. « D1 » (pour « Descartes 1 ») désignera désormais tout ce qui, chez Descartes, touche à la dévalorisation des promesses ; et « D2 » (pour « Descartes 2 ») tout ce qui y touche à leur valorisation.

Austin (pour avoir vu dans nos énoncés autant de promesses [1]),
et de Jacques Derrida (pour la sensibilité aux contradictions
qui peuvent exister entre un projet philosophique et sa réalisation, et à tout ce qu'une œuvre philosophique peut comporter
« d'indécidable »), si étrange pourra peut-être sembler à
première vue un tel regroupement.

Cette enquête avait même, dès le départ, quelque chose
d'excitant. Malgré le caractère saillant du texte du *Discours*
sur les « promesses », aucun des « Index des Matières » des
ouvrages consacrés à Descartes que nous avons pu consulter ne
comportait en effet d'entrée « promesse » [2]. Bien plus, le terme
était absent de l'index de la grande *Bibliographie Cartésienne
1960-1996*, de Jean-Robert Armogathe et Vincent Carraud [3], et

1. « Nos mots nous engagent <*our word is our bond*> », déclare Austin
dans la première des conférences de *Quand dire c'est faire* (trad. fr. G. Lane,
Paris, Seuil, 1991, p. 44), ce qui est aussi une façon de répondre à la question
traditionnelle de l'accord entre la vie et la philosophie.

2. Pas d'entrées « promesse », « contrat », ou « vœux », dans « l'Index des
matières » de l'édition Adam-Tannery (AT V 798 *sq.*); ni dans l'« Index des
questions traitées » des *Études sur le rôle de la pensée médiévale dans la
formation du système cartésien*, d'Étienne Gilson (Paris, Vrin, 1930, p. 338-
342); ni dans l'« Index des matières » du *Rationalisme de Descartes*, de Laporte
(Paris, P.U.F., 1945; rééd. 1949 avec index, p. 499-504); ni dans la « Table
analytique des matières » de l'édition des *Œuvres Philosophiques* de Descartes
par F. Alquié (Paris, Garnier, 1963-1973, t. III, p. 1132-1140); ni dans l'*Index
rerum* de *La Philosophie première de Descartes – Le temps et la cohérence de
la métaphysique*, de Jean-Marie Beyssade (Paris, Flammarion, 1979, p. 363-367);
ni dans l'« Index des matières » de *L'homme des passions – Commentaires sur
Descartes*, de Denis Kambouchner (vol. II, *Canonique*, Paris, Albin Michel,
1995, p. 477-487); ni dans l'*Index rerum* des *Passions rêvées par la raison
– Essai sur la théorie des passions de Descartes et de quelques-uns de ses
contemporains*, de Carole Talon-Hugon (Paris, Vrin, 2002, p. 270-271).

3. J.-R. Armogathe et V. Carraud (dir.), *Bibliographie cartésienne 1960-
1996*, Lecce, Conte, 2003.

n'a jamais été relevé par le *Bulletin cartésien*, entre 1996 et aujourd'hui, dans le titre d'un article ou d'un ouvrage[1]. Un tel état des choses aurait sans doute pu être interprété comme un signal indiquant le peu d'intérêt intrinsèque de la question. J'ai préféré faire l'hypothèse qu'il y avait peut-être là quelque voie encore inexplorée dans le massif cartésien, et qu'on pouvait même en espérer, à terme, de nouveaux points de vue[2]. Je me

1. Rien dans les numéros 25 (études pour l'année 1994) à 32; une occurrence du terme «promesse» dans le n° 33 (dans un CR de V. Carraud); rien dans les n° 34 et 35; une occurrence dans le n° 36 (dans une lettre de Chevreau); une occurrence dans le n° 37 (référence aux «promesses de Commenius» dans l'indication d'un article en polonais). Kim Sang Ong-Van-Cung, dans sa belle présentation de *Idée et idéalisme* (Paris, Vrin, 2006), touche sans doute à la question de la «promesse» chez Descartes, dans ses analyses du *cogito* lu par Derrida et par Cavell, mais n'aborde pas les effets de cette question, comme nous le faisons ici, à l'intérieur du système cartésien.

2. Il y avait tout de même le signal adressé par Jean-Marie Beyssade, qui liait, dans la présentation générale de son recueil *Études sur Descartes: l'histoire d'un esprit* (Paris, Seuil, 2001), la dimension philosophique, la dimension biographique et la dimension de *promesse* chez Descartes: «L'œuvre de Descartes est donc tout entière aussi autobiographie: chaque lettre, chaque livre s'offre comme une méditation sur soi-même, que chacun est invité à refaire. [...] En rassemblant les études qui suivent, on a voulu insister sur la *promesse* faite par Descartes d'écrire une histoire de son esprit et de conjuguer ainsi la métaphysique à la première personne» (je souligne). Et Deleuze, dans un cours disponible en ligne, avait fait un rapprochement entre le «je pense» et une «promesse», considérée comme exemplaire d'un «acte de parole»: «Il y a des choses que je fais en le disant. En disant "Je **promets**", je promets, en disant "Je ferme la fenêtre", je ne ferme pas la fenêtre; [...] Descartes est quelqu'un qui pense que la formule "Je pense" est du second type: "Je ne peux pas la dire sans faire quelque chose en le disant, c'est à dire sans penser"» (http://www.univ-paris8.fr/deleuze/article.php3?id_article=215). Deleuze et Beyssade avaient donc aperçu la possibilité de mettre la «promesse», pour des raisons diverses, au cœur de la conceptualité cartésienne. Voir également le collectif *La philosophie au risque de la promesse* (M. Crépon et M. de Launay (dir.), Paris,

suis donc guidé dans cette enquête sur l'hypothèse que le double geste simultané de dévalorisation (D1) et de valorisation (D2) de la promesse, si visible dans le *Discours*, devait être constamment présent dans la vie comme dans l'œuvre de Descartes[1] sous des formes variées, parfois moins apparentes, et devait révéler à celui qui en suivrait la trace certaines articulations, mais aussi peut-être certaines lignes de fracture du système, voire de la notion même de promesse. C'est ce qu'il s'agit maintenant de montrer, à partir d'un corpus qui, d'abord prometteur, s'est avéré très riche[2].

Bayard, 2008), qui lie d'entrée « Descartes, la modernité philosophique, et la *promesse* [...] d'un progrès de l'histoire » [je souligne].

1. Il y avait aussi une injustice à réparer : Pourquoi Heidegger I et II, Wittgenstein I et II, Derrida I et II, et même, d'après Alquié (*Le rationalisme de Spinoza*, Paris, P.U.F., 1981), Spinoza I et II – et un seul Descartes ?

2. Voir *infra*, l'*Index locorum*.

CHAPITRE PREMIER

PROMESSES SOUPÇONNÉES,
PROMESSES SACRALISÉES

Le double mouvement de dévalorisation et de valorisation des promesses se trouve chez Descartes, sous la double forme d'une méfiance théorique, et d'une confiance pratique. Descartes se méfie des promesses, préférerait ne pas en faire, les évite autant que possible (D1), mais en fait cependant, s'y tient (pour l'essentiel) lorsqu'il en fait, et estime qu'une promesse doit être tenue (D2).

(D1) LA MÉFIANCE À L'ÉGARD DES PROMESSES

La méfiance à l'égard des promesses n'apparaît pas seulement dans le passage cité de la 3ᵉ partie du *Discours de la méthode*; elle était déjà bien présente dans un passage de la première partie, dans lequel, de façon significative, Descartes assimilait de façon très négative les promesses aux « vanteries » et « impostures » et « artifices » des alchimistes, astrologues et magiciens :

> Puis pour les autres sciences, d'autant qu'elles empruntent leurs principes de la philosophie, je jugeais qu'on ne pouvait

avoir rien bâti qui fût solide sur des fondements si peu fermes ; et ni l'honneur ni le gain qu'elles **promettent** n'étaient suffisants pour me convier à les apprendre ; car je ne me sentais point, grâce à Dieu, de condition qui m'obligeât à faire un métier de la science pour le soulagement de ma fortune ; et, quoique je ne fisse pas profession de mépriser la gloire en cynique, je faisais néanmoins fort peu d'état de celle que je n'espérais point pouvoir acquérir qu'à faux titres. Et enfin, pour les mauvaises doctrines, je pensais déjà connaître assez ce qu'elles valaient, pour n'être plus sujet à être trompé, ni par les **promesses** d'un alchimiste, ni par les prédictions d'un astrologue, ni par les impostures d'un magicien, ni par les artifices ou la vanterie d'aucun de ceux qui font profession de savoir plus qu'ils ne savent [1].

On retrouve la même méfiance sceptique à l'égard des manieurs de promesses dans le domaine politique, dans certains passages de la correspondance avec la princesse Élisabeth, par exemple :

Outre qu'il reste encore un long chemin pour venir des **promesses** jusqu'à l'effet [2].

---

1. *Discours de la méthode*, 1re partie, AT VI 8 30 – 9 16. Geneviève Rodis-Lewis (*Descartes, Biographie*, Paris, Calmann-Lévy, 1995, p. 39) est sensible à l'aspect quelque peu inattendu de l'apparition du thème des promesses en cet endroit du discours : « *Curieusement* », écrit-elle en effet, « [Descartes] enchaîne sur les fallacieuses promesses de tous "ceux qui font profession de savoir plus qu'ils ne savent" » [je souligne]. G. Rodis y voit de façon plausible une réminiscence plutôt insolente d'un passage de Montaigne contre les médecins et les juristes, c'est-à-dire des professions exercées par les père et grand-père de René, que lui-même dédaignera.

2. À Élisabeth, 22 février 1649 ; AT V 284 30-31. Dans le même sens, voir la lettre du 11 mars 1640, à Mersenne : « Je n'ai point ouï parler de l'Anglais, qu'on vous a dit **promettre** plus que d'ordinaire pour vider les marais de ce

comme s'il y avait quelque chose d'intrinsèquement faux, voire trompeur, dans le simple fait de faire des promesses, et comme si la présence de promesses, dans une pratique humaine, suffisait à la rendre suspecte.

On ne s'étonne donc pas de voir Descartes multiplier les refus de «promettre» quoi que ce soit dans les œuvres qu'il publie. On lit ainsi, dans la 6e partie du *Discours de la méthode* :

> Mais outre que je ne présume pas tant de moi-même que de vouloir rien **promettre** d'extraordinaire, ni ne me repais point de pensées si vaines que de m'imaginer que le public se doive beaucoup intéresser en mes desseins, je n'ai pas aussi l'âme si basse que je voulusse accepter de qui que ce fût aucune faveur qu'on pût croire que je n'aurais pas méritée [1].

Ou encore, dans le tout dernier paragraphe du *Discours* :

> Au reste, je ne veux point parler ici en particulier des progrès que j'ai espérance de faire à l'avenir dans les sciences, ni

---

pays; mais il se trouve partout assez de gens qui **promettent** sans effectuer » (AT III 42 24 – 43 2). Voir également la lettre du 7 mai 1640, à Pollot (à propos de Stampioen) : «la solution qu'il **promet** là n'est pas plus possible que de blanchir un maure» (AT III 62 15-16). Encore une promesse impossible à tenir. Ou encore, à Carcavi, le 17 août 1649, à propos des expériences de Pascal sur le vide : il « **promettait** de réfuter ma matière subtile ; si vous le voyez, je serais bien aise qu'il sût que j'attends encore cette réfutation, et que je la recevrai en très bonne part, comme j'ai toujours reçu les objections qui m'ont été faites sans calomnie » (AT V 391 14 – 392 1). Là encore, le fait qu'elle ait été présentée comme une « promesse » serait déjà, aux yeux de Descartes, un défaut de la thèse de ses adversaires. Il manie donc ce terme de façon dépréciative, comme une accusation : car rien ne nous dit que Pascal ait jamais fait une telle « promesse ».

1. *Discours de la méthode*, partie VI, AT VI 73 26 – 74 2.

m'engager envers le public d'aucune **promesse** que je ne sois pas assuré d'accomplir[1].

Dans la *Préface de l'Auteur au Lecteur* qui introduit les *Méditations*, on retrouve ce refus de promettre, à propos des éventuelles objections que l'on pourrait faire aux *Méditations* :

> Et d'autant que **je ne promets pas** aux autres [sc. « ceux qui voudront avec moi méditer sérieusement »] de les satisfaire de prime abord en toute chose, et que je ne présume pas tant de moi que de croire pouvoir prévoir tout ce qui pourra faire de la difficulté à un chacun[2].

On touche là, en réalité, à une caractéristique assez inattendue de la plupart des œuvres de Descartes, à savoir le refus d'un contrat, ou d'un pacte, avec le lecteur : pacte autobiographique, ou contrat par lequel on lui « promettrait » de lui apporter quelque chose d'utile ou de vrai, comme on en trouve par exemple chez Spinoza, sur « l'utilité » de la doctrine[3]. Au

---

1. *Discours de la méthode*, partie VI, AT VI 78 4-7.

2. *Méditations*, *Préface de l'Auteur au Lecteur*, AT VII 10 6-9 : « *Quia vero nequidem etiam aliis **spondeo** me in omnibus primâ fronte satisfacturum, nec tantum mihi arrogo ut confidam me omnia posse praevidere quae alicui difficilia videbuntur* », etc. (traduction de Clerselier (éd. de 1661), dans *Œuvres philosophiques de Descartes*, *op. cit.*, II 393, légèrement modifiée.

3. Par exemple *Éthique* II 49 scolie : « Combien la connaissance de cette doctrine est **utile** dans la vie *<quantum hujus doctrinae cognitio ad usum vitae conferat>* », on le voit, « 1°[…] en ce qu'elle nous apprend que nous agissons par le seul geste de Dieu *<nos ex solo Dei nutu agere>* », etc. ; fin du scolie : « [deuxième partie] dans laquelle […] je crois avoir donné un exposé duquel se peuvent tirer beaucoup de belles conclusions, **utiles** au plus haut point et nécessaires à connaître *<puto me […] talia tradidisse, ex quibus multa praeclara, maxime **utilia**, et cognitu necessaria concludi possunt>* », etc. Voir Ch. Ramond, « Qu'est-ce qui est "utile" ? – Sur une notion cardinale de la philosophie de Spinoza », dans *Politiques de l'intérêt*, Annales Littéraires de l'Université de

contraire, Descartes se montre systématiquement fuyant en cette matière. On lit par exemple, à la fin du chapitre 7 du traité *Du Monde* (écrit en français), au moment où Descartes va passer à la description des Planètes, et plus généralement des corps célestes :

> Ensuite de quoi, néanmoins, **je ne vous promets pas** de mettre ici des démonstrations exactes de toutes les choses que je dirai ; ce sera assez que je vous ouvre le chemin, par lequel vous les pourrez trouver de vous-même, quand vous prendrez la peine de les chercher. La plupart des esprits se dégoûtent, lorsqu'on leur rend les choses trop faciles. Et pour faire ici un tableau qui vous agrée, il est besoin que j'y emploie de l'ombre aussi bien que des couleurs claires. Si bien que je me contenterai de poursuivre la description que j'ai commencée, comme *n'ayant autre dessein que de vous raconter une fable* [1].

Ce geste de dénégation, ou d'évitement, se retrouvera dans la *Lettre-Préface* des *Principes de la Philosophie* :

> Touchant la façon de lire ce livre […] *je voudrais qu'on le parcourût d'abord tout entier ainsi qu'un roman*, sans forcer beaucoup son attention ni s'arrêter aux difficultés qu'on y peut

---

Franche-Comté, Besançon, 1998, vol. 679, Christian Lazzeri et Dominique Reynié (dir.), p. 233-260 ; repris dans Ch. Ramond, *Spinoza et la Pensée Moderne – Constitutions de l'Objectivité*, Paris-Montréal, L'Harmattan, 1998, p. 337-370.

1. *Le Monde*, chap. 7, Alquié I 364 ; AT XI 48 7-18. Voir déjà le dernier paragraphe du chapitre V du *Traité du Monde* : « Il me reste ici encore beaucoup d'autres choses à expliquer, et je serai même bien aise d'y ajouter quelques raisons pour rendre mes opinions plus vraisemblables. Mais afin que la longueur de ce discours vous soit moins ennuyeuse, j'en veux envelopper une partie *dans l'invention d'une fable*, au travers de laquelle j'espère que la vérité ne laissera pas de paraître suffisamment, et qu'elle ne sera pas moins agréable à voir que si je l'exposais toute nue » [je souligne].

rencontrer, afin seulement de savoir en gros quelles sont les matières dont j'ai traité[1].

On voit donc Descartes soucieux de ne pas « promettre », de ne pas se présenter au public comme un alchimiste ou un magicien. Ce refus de s'engager correspond bien à une dimension importante de sa posture existentielle (même si, bien sûr, il ne l'épuise pas, comme nous le verrons). Descartes a tout de même passé plus de 30 ans de sa vie hors de France, en Hollande, déménageant très souvent, et cachant même parfois son adresse à ses meilleurs amis. Il est résolument fuyant[2]. La lecture de sa correspondance révèle, de sa part, un grand nombre de « résolutions de ne pas », motivées par de nombreux et successifs « dégoûts ». Ce « cavalier français qui partit d'un si bon pas » a parfois quelque chose de Bartleby... « je préfèrerais ne pas – *I would prefer not to* »[3]... Il est souvent en proie à des crises de découragement. Baillet indique (p. 18) qu'il « *renonça aux livres* dès l'an 1613 ». Descartes était alors âgé de 17 ans, et venait juste de terminer le cours de ses études au

---

1. *Principes de la Philosophie, Lettre-Préface*, AT IX-2 11 29 – 12 3 (Alquié, III 777).

2. Voir AT I 286 1-3, à Mersenne, avril 1634 : « vivre en repos et continuer la vie que j'ai commencée en prenant pour ma devise *bene vixit, bene qui latuit* » (Ovide, *Tristes*, III 4 24 ; traduction usuelle : « pour vivre heureux, vivons cachés »). Maxime Leroy, *Descartes, le philosophe au masque*, Paris, Rieder, 1929, a justement insisté sur cette dimension de « fuite » dans la vie de Descartes : voir *infra*, *Documents et Discussions*, 2, p. 129-134.

3. Bartleby est le personnage principal de la nouvelle de Herman Melville *Bartleby, the Scrivener - a Story of Wall Street*, publiée en 1856 dans les *Piazza Tales* (« Contes de la Véranda »). Diverses traductions : « Bartleby l'écrivain », « Bartleby le scribe », « Bartleby ». Le personnage est célèbre en France depuis l'article de Deleuze « Bartleby ou la Formule », dans *Critique et Clinique*, Paris, Minuit, 1993.

collège de La Flèche : comme il le laisse entendre dans le *Discours de la méthode*, il était assez profondément déçu de ce qu'il avait pu y apprendre, du moins dans les livres. Baillet affirme également (p. 122) qu'en 1637, Descartes avait « renoncé tout de bon à la géométrie ». Ce « renoncement » ne fut pas total, sans doute, car Descartes continua jusqu'à la fin de sa vie à traiter de problèmes de géométrie. Il est néanmoins assez significatif de ces accès de tristesse qui envahissent parfois le philosophe.

Autre exemple de ces découragements, de ces renoncements : en février 1639, Mersenne s'était déclaré inquiet parce qu'un médecin italien venait d'écrire contre Harvey, ce qui lui faisait craindre (à lui, Mersenne) que cela n'atteigne par ricochet les thèses de Descartes (qui soutenait Harvey pour l'essentiel). Descartes, très affecté, lui répond alors :

> de ce que quelqu'un a écrit quelque chose, que vous imaginez être contre moi, sans avoir ouï ses raisons, ni même savoir s'il est habile homme, vous supposez incontinent que j'ai failli. Je vois de là, et de plusieurs autres telles choses, que les bonnes raisons ont fort peu de force pour persuader la vérité, *ce qui me fait presque résoudre d'oublier tout à fait à écrire, et n'étudier jamais plus que pour moi-même* [1].

Ce sont là des conduites récurrentes. Dans une lettre du 11 mars 1640 à Mersenne, Descartes exprime ainsi très clairement le souhait de *ne plus rien publier*, tant il a peu apprécié l'expérience du *Discours de la méthode* [2]. Dans une lettre à

---

1. AT II 501 7-14, à Mersenne, 9 février 1639 [je souligne].
2. AT III 39 1-9 : « Pour la physique, je croirais n'y rien savoir, si je ne savais que dire comment les choses peuvent être, sans démontrer qu'elles ne peuvent être autrement ; car l'ayant réduite aux lois des mathématiques, c'est

Chanut, du 1 er novembre 1646, il se plaindra de n'avoir pas su *s'abstenir d'écrire*, avec tous les ennuis que ça lui a attirés [1]. On sait avec quelle réticence il accepta de se rendre en Suède à l'invitation de la Reine Christine, et combien il aurait *préféré ne pas* s'y rendre. Mais déjà, il était revenu découragé et dégoûté d'un voyage qu'il avait fait en 1648 en France, où il avait été attiré avec la *promesse*, finalement non tenue, d'une pension royale. Comme l'écrit Baillet,

chose possible, et je crois le pouvoir en tout ce peu que je crois savoir, bien que je ne l'aie pas fait en mes *Essais*, à cause que je n'ai pas voulu y donner mes principes, et je ne vois encore rien qui me conduit à les donner à l'avenir » ; à cet endroit, AT ajoutent une addition en note : « Je n'ai pas même aucune intention de les faire jamais imprimer, ni le reste de ma physique, ni même aucune autre chose, que mes cinq ou six feuilles touchant l'existence de Dieu, à quoi je pense être obligé en conscience ; car pour le reste, je ne sais point de loi qui m'oblige à donner au monde des choses qu'il ne témoigne point désirer. Et si quelques-uns le désirent, sachez que tous ceux qui font les doctes, sans l'être, et qui préfèrent leur vanité à la vérité, ne le veulent point ; et que pour une vingtaine d'approbateurs, qui ne me feraient aucun bien, il y aurait des milliers de malveillants, qui ne s'épargneraient point de me nuire, quand ils en auraient l'occasion. C'est ce que l'expérience m'a fait connaître depuis trois ans ; *et quoique je ne me repente point de ce que j'ai fait imprimer, j'ai toutefois si peu d'envie d'y retourner* que je ne le veux pas même laisser imprimer en Latin, autant que je le pourrai empêcher » [je souligne].

1. AT IV 535 13. Le passage (6-15) est assez savoureux : « si j'avais été seulement aussi sage qu'on dit que les sauvages se persuadent que sont les singes, je n'aurais jamais été connu de qui que ce soit, en qualité de faiseur de livres : car on dit qu'ils s'imaginent que les singes pourraient parler, s'ils voulaient, mais qu'ils s'en abstiennent, afin qu'on ne les contraigne point de travailler ; et pour ce que *je n'ai pas eu la même prudence à m'abstenir d'écrire*, je n'ai plus tant de loisir ni tant de repos que j'aurais, si j'eusse eu l'esprit de me taire. Mais, puisque la faute est déjà commise » etc. [je souligne].

> Une aventure si inespérée lui apprit à ne plus entreprendre de voyages **sur des promesses**, fussent-elles écrites en parchemin [1].

Cette tonalité inquiète consonne, chez Descartes, avec la profonde incertitude, avec la profonde déception ressentie très tôt dans son rapport au monde ou à la réalité en général [2], et qui n'est rien d'autre, sans doute, que la rupture de confiance caractéristique de la modernité.

(D2) « JE SOUSSIGNÉ M'OBLIGE... »

Cependant, sa Correspondance révèle aussi chez Descartes un rapport bien plus positif à l'égard des promesses et des engagements. Même s'il arrive que certains de ses correspondants se plaignent de promesses non exactement tenues [3], dans l'ensemble Descartes est exact et ponctuel à répondre, et à tenir ses engagements. La toute première lettre que nous ayons de lui (dans l'édition Adam-Tannery) s'ouvre de façon frappante sur une promesse, ou du moins, sur un engagement dont les trois premiers mots peuvent être considérés rétroactivement comme prémonitoires, si ce n'est destinaux. Il s'agit d'une lettre adressée à son frère aîné, le 3 avril 1622 :

> **Je soussigné m'oblige** à Monsieur Pierre Descartes, [...] de ne vendre point les biens compris en la procuration qu'il m'a

---

1. Baillet, *Vie de Monsieur Descartes* (1691), Paris, La table ronde, 1992, p. 245-246.

2. Comme le montre Alquié dans sa thèse sur *La Découverte métaphysique de l'homme chez Descartes*, Paris, P.U.F., 1950[1], 1966[2] (éd. revue).

3. Voir *infra*, chap. III, p. 61-68.

donnée ce jour [...] à moindre prix que la somme de 8000 écus [...] si ce n'est par son consentement [1].

« Je / soussigné / m'oblige » : en trois mot, en 1622, une anticipation presque complète du cartésianisme... Et de fait le sentiment et le vocabulaire de « l'obligation » seront sans cesse présents dans la correspondance de Descartes : par exemple, à Ferrier, artisan tailleur de verre auquel Descartes avait offert l'hospitalité en Hollande, parce qu'il comptait sur lui pour fabriquer des verres particuliers (installé en Hollande, Descartes taillait et polissait en effet des verres et des lentilles pour l'astronomie), il écrit, le 18 juin 1629 :

> et nous vivrions comme frères ; car **je m'oblige** de vous défrayer de tout aussi longtemps qu'il vous plaira de demeurer avec moi, et de vous remettre dans Paris lorsque vous aurez envie d'y retourner [2].

Ou encore, probablement à Constantin Huygens, probablement en septembre 1629 :

> Monsieur, **je vous ai tant d'obligation** du souvenir qu'il vous plaît avoir de moi, et de l'affection que vous me témoignez, que j'ai regret de ne la pouvoir assez mériter [3].

Ou à Mersenne, pour ne prendre qu'un exemple entre mille, dans la fameuse lettre du 15 avril 1630 :

> Vous que j'honore et estime, et à qui j'ai une infinité **d'obligations** [4].

---

1. AT I 1 1-8.
2. AT I 14 12-15.
3. AT I 19 1-4.
4. AT I 140 23-24.

La référence à des « obligations » est sans doute naturelle dans une correspondance courtoise, et s'imposait tout particulièrement à l'égard de Mersenne, qui fut toujours un ami fidèle et utile, voire indispensable, à Descartes[1]. Le code des valeurs aristocratiques comprenait en outre (nous y reviendrons) la reconnaissance et le respect des obligations. Mais Descartes ne semble en rien mal à l'aise vis à vis de l'engagement, ou de la dette, que suppose une obligation, et par lesquels, pourtant, quelque chose est « retranché de notre liberté », puisque nous devons d'une manière ou d'une autre « rendre » ou « accomplir » quelque chose pour satisfaire à nos obligations, dont la reconnaissance équivaut en réalité à des promesses. Car reconnaître qu'on doit quelque chose, c'est bien s'engager à le rendre, d'une façon ou d'une autre. Certains faits marquants de la vie (réelle ou légendaire) de Descartes enveloppent obligation ou injonction : il se serait consacré à la philosophie sous *l'injonction* du Cardinal de Bérulle, donc en obéissant à une certaine obligation qui lui aurait été faite. Il aurait respecté, quoiqu'avec un certain retard, le « vœu » qu'il avait fait d'un pèlerinage à Notre Dame de Lorette[2].

Surtout, un événement moins fameux, mais hautement significatif et symbolique, et surtout réel, permet à Descartes de déclarer à quel haut prix il estime le respect scrupuleux des obligations. Descartes a en effet personnellement vécu le cas d'école, en philosophie morale, du « dépôt que l'on a promis de rendre ». Il avait été désigné, en août 1640, parmi les arbitres

1. Voir par exemple AT I 171 1-4, à Mersenne, 4 novembre 1630, début de la lettre : « Mon révérend père, je ne reçois jamais de vos lettres, que ce ne soient de **nouvelles obligations que je vous ai**, et que je n'y reconnaisse de plus en plus le bien que vous me voulez ».

2. Voir *infra*, *Documents et discussions*, 2, p. 129-134 et 3, p. 135-138.

d'une controverse qui opposait deux mathématiciens,
Stampioen et Wassenaer, qui avaient dû, préalablement
au « jugement », déposer une somme d'argent relativement
importante auprès d'un tiers. Or, une fois l'affaire tranchée
(à l'avantage de Wassenaer), le dépositaire de ces sommes, un
certain Dedel, commença à invoquer toute une série d'arguments pour ne pas rendre l'argent qu'on lui avait confié :
qu'il ne s'agissait pas d'un véritable procès, avec de véritables
juges, et que, de ce fait, il ne pouvait pas être absolument
certain que la décision rendue devait être suivie d'effet ; ou
encore, et c'est ce dont il va être question dans la lettre de
Descartes que nous allons lire, il soutenait qu'ayant déjà donné
de l'argent aux pauvres, il n'avait pas à leur donner en plus
celui qu'on lui avait laissé en dépôt… Descartes s'indigne, et
écrit alors :

> Wassenaer ne désire rien du tout en cela que ce qui se doit
> sans controverse, et que l'honneur et la conscience l'oblige de
> rechercher ; car Stampioen ayant gagé contre lui 600 Livres
> pour le profit des pauvres, et s'étant condamné soi-même à les
> perdre en cas que MM. Les Professeurs de cette Université lui
> donnassent tort, touchant le point de mathématique qui était
> entre eux en controverse, et même ayant déposé son argent
> en main tierce, afin qu'il ne pût y avoir aucune difficulté au
> payement, je ne vois pas pour quelle occasion, maintenant que
> MM. les Professeurs ont jugé de ce qui était de leur charge au
> désavantage de M. Stampioen, celui qui est dépositaire de
> l'argent refuse de le mettre entre les mains de MM. du Conseil
> des Églises de cette ville, en vertu de l'assignation que Wassenaer
> leur a envoyée, pour le recevoir de lui et le distribuer aux
> pauvres, ainsi qu'ils jugeraient être à propos. […] M. Dedel a
> pu leur donner du sien, s'il lui a plu, mais *quo jure* l'argent d'un

autre sans son su, et quelle interprétation ne pourrait-on point donner à cela ? C'est *depositum*, *res sacra*, pour les pauvres [1].

Descartes reviendra sur cette affaire (cette « gageure », comme il dit très justement en AT III 199 8), dans la lettre du 5 octobre 1640 à Wilhelm. On voit qu'il emploie ici le terme le plus fort : un « dépôt », quelque chose qu'on vous a confié, est une « chose sacrée ». Kant aurait pu s'exprimer de la même façon. Descartes n'essaie ici en aucune façon d'atténuer l'obligation faite au dépositaire de rendre ce qui lui a été confié. Il reconnaît entièrement la dette, l'obligation, la promesse implicite de rendre, et les valorise au plus haut point, en en faisant des choses « sacrées ». C'est à peine si on peut reconnaître, dans ces qualifications et dans ces comportements, le philosophe inquiet, fuyant, soucieux avant toute chose d'échapper aux promesses et aux obligations, que nous décrivions plus haut.

1. Descartes à Wilhelm, 17 août 1640 (en français) ; AT III 155 1 – 156 10.

CHAPITRE II

FIDÉLITÉS ET CONVERSIONS

IRRÉSOLUTION, RÉSOLUTION, OBSTINATION

Dans une lettre adressée en mars 1638 à un correspondant inconnu de nous, Descartes se montre très conscient du double reproche qu'on peut faire à sa morale par provision, qui conduirait paradoxalement aussi bien à *l'irrésolution* (en ce qu'elle dérive d'un doute général et refuse les promesses) qu'à *l'obstination* (en ce qu'elle ordonne de ne pas revenir sur une décision prise, fût-elle prise dans le doute)[1]. Il propose donc

---

1. AT II 34 10 – 35 19, lettre CXIII à ***, mars 1638 : « Premièrement, il est vrai que, si j'avais dit absolument qu'il faut se tenir aux opinions qu'on a une fois déterminé de suivre, encore qu'elles fussent douteuses, je ne serais pas moins répréhensible que si j'avais dit qu'il faut être **opiniâtre et obstiné**; à cause que se tenir à une opinion, c'est le même que de persévérer dans le jugement qu'on en a fait. Mais j'ai dit tout autre chose, à savoir qu'il faut être résolu en ses actions, lors même qu'on demeure irrésolu en ses jugements [...], et ne suivre pas moins constamment les opinions les plus douteuses, c'est-à-dire n'agir pas moins constamment suivant les opinions qu'on juge douteuses, lorsqu'on y est une fois déterminé, c'est-à-dire lorsqu'on a considéré qu'il n'y en a point d'autres qu'on juge meilleures ou plus certaines, que si on connaissait que celles-là fussent les meilleures; comme en effet elles le sont sous cette

une manière de troisième terme, la «résolution», entre
«l'irrésolution» et «l'obstination» :

> Au reste, j'ai été obligé de parler de cette résolution et fermeté
> touchant les actions, tant à cause qu'elle est nécessaire pour le
> repos de la conscience, que pour empêcher qu'on ne me blâmât
> de ce que j'avais écrit que, pour éviter la prévention, il faut une
> fois en sa vie se défaire de toutes les opinions qu'on a reçues
> auparavant en sa créance : car apparemment on m'eût objecté
> que ce doute si universel peut produire une grande irrésolution
> et un grand dérèglement dans les mœurs. De façon qu'il ne
> me semble pas avoir pu user de plus de circonspection que
> j'ai fait, pour **placer la résolution, en tant qu'elle est une
> vertu, entre les deux vices qui lui sont contraires, à savoir
> l'indétermination et l'obstination** [1].

Cette répartition harmonieuse et diplomatique serait sans
doute possible dans le cadre aristotélicien évoqué ici par
Descartes. Mais toute la difficulté vient du fait qu'elle n'est
justement pas praticable dans le cadre cartésien. Qu'est-ce qui
pourrait, en effet, amener le voyageur perdu dans la forêt à
renoncer à suivre la direction qu'il a décidé de suivre pour se
sauver? Une fois l'action «résolue» engagée, même guidée
par un entendement libre qui sait que les raisons d'agir restent

---

condition [...]. Et il n'est pas à craindre que cette fermeté en l'action nous
engage de plus en plus dans l'erreur ou dans le vice, d'autant que l'erreur ne peut
être que dans l'entendement, lequel je suppose, nonobstant cela, demeurer libre
et considérer comme douteux ce qui est douteux. Outre que je rapporte principalement cette règle aux actions de la vie qui ne souffrent aucun délai, et que
je ne m'en sers que par provision, avec dessein de changer mes opinions si tôt
que j'en pourrai trouver de meilleures, et de ne perdre aucune occasion d'en
chercher». La suite du passage est donnée dans le corps du texte ci-dessus.
    1. AT II 35 19 – 36 2.

douteuses, par définition le sujet va persévérer dans cette action, puisque cette persévérance elle-même est la seule solution à son problème pratique (et non pas théorique). Et donc, renoncer à cette persévérance dans l'action serait renoncer à la solution elle-même. Donc le voyageur dans la forêt ne doit en aucune façon ni pour aucune raison changer de direction : bien qu'il soit en proie au doute du point de vue théorique et engagé dans une action seulement provisoire (il sait qu'il a peut-être pris le mauvais chemin, qu'on ne peut pas toujours agir ainsi, et qu'il y est obligé provisoirement parce que la situation est urgente), malgré toutes ces atténuations, donc, qui ont pour but de bien distinguer ce voyageur à la fois de quelqu'un d'irrésolu et de quelqu'un d'obstiné, eh bien, malgré cela, donc, *le voyageur cartésien, dans la forêt, est nécessairement ou irrésolu ou obstiné*. Résolution et obstination non pas intérieures ou psychologiques (car le voyageur sait bien que son choix était douteux), mais extérieures et comportementales. S'il veut se sauver, le voyageur ne cèdera à aucune raison, fût-elle apparemment la meilleure du monde, qui l'engagerait à changer d'orientation : car sinon il prendrait le risque de se perdre définitivement et de rester pris dans la forêt en tournant en rond.

Descartes, il est vrai, ménage dans le texte même de la « seconde maxime » du *Discours* la possibilité d'un changement de direction, lorsqu'il écrit que les voyageurs perdus dans une forêt doivent

> marcher le plus droit qu'ils peuvent vers un même côté *et ne le changer point pour de faibles raisons*, encore que ce n'ait peut-être été au commencement que le hasard seul qui les ait déterminé à le choisir [1].

1. AT VI 24 26-30 [je souligne].

Qui demande de « ne point changer pour de faibles raisons » admet par là, en effet, la possibilité de changer pour des raisons qui ne seraient point faibles. Souplesse qui serait confirmée par un passage des *Secondes Réponses* :

> Il faut quelquefois, entre plusieurs choses tout à fait inconnues et incertaines, en choisir une et s'y déterminer, et après cela ne la pas croire moins fermement, *tant que nous ne voyons pas de raisons au contraire, <quandiu nullae rationes in contrarium haberi possunt>* que si nous l'avions choisie pour des raisons très certaines et très évidentes, ainsi que je l'ai déjà expliqué dans le *Discours de la Méthode*, p. 26 [1].

D'une part, cependant, il serait assez difficile d'imaginer quelles seraient ces indications plus fiables que d'autres pour quelqu'un qui serait complètement perdu, et à quel titre elles pourraient être jugées plus fiables. Et d'autre part, le sens général de la position de Descartes est bien d'insister sur la « fermeté » de la « résolution », comme le montre un passage de la lettre à Élisabeth du 4 août 1645 où il reprend et développe explicitement la seconde des « règles de morale » du *Discours* :

> La seconde, qu'il ait une ferme et constante résolution d'exécuter tout ce que la raison lui conseillera, sans que ses passions ou ses appétits l'en détournent ; *et c'est la fermeté de cette résolution, que je crois devoir être prise pour la vertu*, bien que je ne sache point que personne ne l'ait jamais ainsi expliquée [2].

Forces ou faiblesses des « raisons » d'agir s'effacent ici devant le caractère entier et sans degré de « la raison », dont

---

1. *Secondes Réponses*, AT IX-1 116-117 (*Secundae Responsiones*, AT VII 149 9-13).
2. À Élisabeth, 4 août 1645, AT IV 265 16-21.

Descartes rappelle bien, dès le second paragraphe de la première partie du *Discours*, qu'il « veut croire qu'elle est *toute entière en chacun* » [1]. Et pour ce qui est des raisonnements pratiques, le principe de leur rationalisation consiste à transférer la nécessité générale de se déterminer (« les actions de la vie ne souffrant souvent aucun délai ») sur l'option retenue (le chemin que l'on choisit). Ce transfert de nécessité permet ainsi à une conduite pratique de demeurer rationnelle même si elle se sait douteuse [2].

Dans un cadre cartésien, et quoi qu'en dise Descartes pour rassurer tel ou tel de ses correspondants, il n'existe donc pas de troisième terme entre l'irrésolution et l'obstination, entendues comme des caractéristiques de nos actions, c'est-à-dire des caractéristiques extérieures ou comportementales. Comme Ulysse avant de se faire attacher au mât pour écouter sans danger les Sirènes avait ordonné aux rameurs de ne plus obéir, par la suite, aux ordres qu'il leur donnerait de le détacher, le voyageur cartésien perdu dans la forêt ne pourra en sortir que s'il ordonne à ses jambes de ne plus obéir à sa volonté, quoi qu'elle ordonne. Dans ces deux histoires, un premier ordre ordonne de ne plus obéir aux ordres suivants. Ces exemples ne sont d'ailleurs pas sans rapport avec certains contes populaires, comme « les trois vœux », ou avec le grand récit chrétien, où le Dieu tout puissant prouvera sa toute puissance en s'en privant, c'est-à-dire en se faisant homme. Quoi qu'il en soit, même si la première décision (écouter les sirènes, choisir tel chemin plutôt que tel autre, se faire homme) annule par avance toute décision postérieure par laquelle on prétendrait

---

1. *Discours de la Méthode*, AT VI 2 29.

2. Je remercie Chantal Jaquet pour cette discussion, dont les conclusions ne l'engagent nullement.

annuler la première (comme si, dans un contrat, il existait une clause disant que, quoi qu'il arrive, ce contrat reste toujours valable – par où apparaît clairement l'impossibilité pragmatique de telles prétentions de clôture), il n'en reste pas moins que, aux yeux de Descartes, cette première décision reste toujours douteuse quant à sa valeur : on aurait pu prendre un autre chemin, prendre une autre décision initiale (ne pas vouloir écouter les sirènes, ne pas se faire homme). Nous n'avons donc aucun moyen de juger qu'en soi le chemin que nous avons adopté est meilleur qu'un autre, ou qu'il lui est préférable, puisque seule l'obstination à le suivre toujours le rend préférable. On peut donc prévoir que, placé devant le problème de la fidélité et de l'inconstance, Descartes valorisera la fidélité aux décisions une fois que celles-ci auront été prises (D2), sans pour autant pouvoir valoriser ces décisions elles-mêmes, puisque d'autres étaient au départ possibles (D1)[1]. Et c'est

---

1. Selon l'article 170 des *Passions de l'âme* (*De l'irrésolution*) , il y a parfois «excès d'irrésolution» : «C'est pourquoi», ajoute Descartes, «le remède contre cet excès est de s'accoutumer à former des jugements certains et déterminés touchant toutes les choses qui se présentent, et à croire qu'on s'acquitte toujours de son devoir lorsqu'on fait ce qu'on juge être le meilleur, encore que peut-être on juge très mal». Alquié voit bien l'importance de la question : «Nous trouvons ici», écrit-il en note dans son édition, «l'aboutissement d'une réflexion *qui a occupé Descartes durant toute sa vie*. Il déteste l'irrésolution, et veut y soustraire la conduite, il est avide de certitude, et rejette par le doute ce qui n'est pas certain. Comment concilier les deux tendances de son esprit?» [je souligne]. Alquié, cependant ne voit pas qu'il n'y a ici aucune «conciliation» à trouver, puisque la détestation de l'irrésolution conduit aussi bien à la morale par provision qu'au doute hyperbolique, deux façons d'évacuer l'irrésolution. Le problème de Descartes n'est donc pas cette éventuelle «conciliation», mais la question du *changement d'opinions*. Comment juger les conversions, les abjurations, les changements d'avis, etc. ? Tantôt (D2) il les

en effet ce qui se produit, comme nous allons le montrer maintenant.

(D2) Valorisation de la fidélité, critique de l'irrésolution

La morale cartésienne est un éloge constant de la fermeté de la résolution. Il serait inutile de multiplier les citations, tant ce point est patent et évident. Analysant le *De vita beata* de Sénèque dans une lettre à la Princesse Élisabeth du 4 août 1645, et se référant aux maximes de la troisième partie du *Discours de la Méthode*, Descartes insistait, nous l'avons vu [1] sur l'originalité de cette position dans l'histoire de la philosophie morale. Six semaines plus tard, toujours à Élisabeth, Descartes explicite cette résolution, ou fidélité, en une superbe formule, qui joint « demeure », « serment » (et dans « serment », comment ne pas entendre « promesse » ?), et « naissance » :

> On ne saurait cependant subsister seul, et on est, en effet, l'une des parties de l'univers, et plus particulièrement encore l'une des parties de cette terre, l'une des parties de cet État, de cette société, de cette famille, à laquelle on est joint *par sa demeure, par son serment, par sa naissance*. Et il faut toujours préférer les intérêts du tout, dont on est partie, à ceux de sa personne en particulier. [...] Mais si on rapportait tout à soi-même, on ne craindrait pas de nuire beaucoup aux autres hommes, lorsqu'on croirait en retirer quelque petite commodité, et on n'aurait

juge défavorablement (c'est le prisonnier dans la forêt, le Dieu constant et non changeant), et tantôt (D1) favorablement (c'est le refus de faire des promesses, ou de s'engager).

1. Cf. *supra*, p. 34, n. 2.

aucune vraie amitié, ni aucune **fidélité**, ni généralement aucune vertu[1].

La « fidélité » est placée ici en parangon de la vertu. En de nombreux passages, souvent émouvants, Descartes fait d'explicites éloges de la fidélité. On sait qu'il a toujours été fidèle à la nourrice de son enfance, et qu'il a testé en sa faveur. Dans une lettre à Huygens d'août 1640, il déclare sa fidélité en matière de désir ou d'estime :

> Je sais très bien que les plus beaux corps ont toujours une partie qui est sale ; mais il me suffit de ne la point voir, ou d'en tirer sujet de raillerie, si elle se montre à moi par mégarde ; et je n'ai jamais été si dégoûté que d'aimer ou d'estimer moins, pour cela, ce qui m'avait semblé beau ou bon auparavant[2].

On pourrait également interpréter dans ce sens la lettre du 1er février 1647, dans laquelle Descartes, se demandant avec Chanut lequel, de l'amour et de la haine, nous « emporte à de plus grands excès », tranche pour l'amour. La fin de la lettre évoque l'amour de Pâris pour Hélène, cause de la guerre de Troie. Descartes laisse d'abord percer une certaine indulgence pour cet amour tragique, mais écrit tout de même :

> Ce qui montre que même les plus grands et les plus funestes désastres peuvent être quelquefois, comme j'ai dit, des ragoûts d'une amour mal réglée[3].

Or, cette « amour mal réglée », qui cause de si « funestes désastres », c'est d'abord une amour infidèle… Implicitement, la fidélité est donc ici encore une fois valorisée. De même,

---

1. À Élisabeth, 15 septembre 1645 ; AT IV 293 6-14 et 19-23.
2. À Huygens, août 1640 ; AT III 159 8-13.
3. À Chanut, 1er février 1647 ; AT IV 617 8-10.

Descartes louera la fidélité en amitié, même lorsqu'elle concerne des gens qui lui sont hostiles : par exemple, au cœur de ses controverses souvent très acerbes avec Roberval et Fermat, il laisse échapper, au détour d'une lettre de mars 1638 (destinataire inconnu) :

> En voyant que M. de Fermat a des amis, qui ont grand soin de le défendre, je juge qu'il a des qualités aimables qui les y convient. Mais j'estime en eux extrêmement la **fidélité** qu'ils lui témoignent ; et pour ce que **c'est une vertu qui me semble devoir être chérie plus qu'aucune autre**, cela suffit pour m'obliger à être leur très humble serviteur [1].

Descartes critique donc logiquement l'irrésolution sous la forme du *repentir*, qui est selon lui « la plus amère » de toutes les passions, et la marque des « esprits faibles », comme on le voit aux articles 63 et 191 des *Passions de l'âme* [2].

(D1) JUSTIFICATION DES CHANGEMENTS, PETITS OU GRANDS

Malgré tout cela, la vie et la doctrine de Descartes font place à, et justifient, des changements parfois considérables dans nos vies, et donc une relative infidélité à nos propres

---

1. AT II 125-11.

2. *Passions de l'âme*, art. 63 : « Nous pouvons aussi considérer la cause du bien ou du mal, tant présent que passé. Et le bien qui a été fait par nous-mêmes nous donne une satisfaction intérieure, qui est la plus douce de toutes les passions, au lieu que le mal excite **le repentir, qui est la plus amère** ». L'article 191 décrit également le repentir comme passion à la fois « très amère », « utile », mais aussi caractéristique des « esprits faibles », qui se repentent souvent des choses qu'ils ont faites sans savoir assurément qu'elles sont mauvaises » ; finalement « les remèdes contre ce défaut sont les mêmes qui servent à ôter l'irrésolution ».

promesses. Cette question de l'accord du changement et de la permanence ne saurait d'ailleurs être sous-estimée : c'est le vieux problème éléatique-sophistique, qui dans sa forme provocante demandait si Socrate assis est *le même* que Socrate debout, ou si vouloir me rendre savant alors que je suis ignorant ne revient pas à vouloir me tuer, puisque, une fois savant, je ne serai plus ce que j'étais. Platon prenait si peu ce problème à la légère, qu'il y consacra l'essentiel des ressources de son système, du parricide parménidien du *Sophiste*, à toute la théorie de la métempsychose, par exemple dans le *Ménon*, sans pouvoir, dans un cas comme dans l'autre, échapper aux apories éléatiques autrement qu'en faisant de très lourdes concessions à la logique (donner une existence au « non-être », et admettre le mythe au cœur de la rationalité). Or, ce problème de la permanence de l'identité sous les changements de comportement ou de doctrine se posait avec une acuité toute particulière dans un contexte mécanique, dans lequel la définition d'un individu se ramène, en gros et pour parler à la manière de Spinoza, à une certaine « proportion de mouvement et de repos » entre ses parties, si bien qu'on ne voit pas pourquoi, lorsque cette proportion est modifiée, on aurait le droit de parler du « même » individu, et de dire, par conséquent, qu'il a « changé » plutôt que de dire que c'est « un autre » – le mécanisme ramenant tout à la quantité, et abolissant en cela même toute possibilité de distinguer réellement qualité et quantité. Spinoza, comme on le sait, et très logiquement, allait de ce fait jusqu'à mettre en doute la permanence de l'identité personnelle entre le jeune enfant et l'adulte développé[1]. On ne s'étonnera donc pas de

---

1. Sur ces apories de l'identité personnelle en contexte mécaniste, c'est-à-dire sur les apories de la quantité et de la qualité, voir Ch. Ramond, *Qualité et quantité dans la philosophie de Spinoza*, Paris, P.U.F., 1995, et Zourabichvili,

voir Descartes touché de plein fouet par de telles difficultés, même s'il lui arrive de les prendre avec humour et bonhomie[1], et ce d'autant plus qu'il est à la fois le fondateur du réductionnisme mécaniste, et qu'il s'est toujours affiché bon chrétien.

D'abord, en effet, il est aussi difficile à un chrétien constamment revendiqué, comme l'est Descartes, de critiquer en profondeur le « repentir », qu'il l'était, comme on l'a vu plus haut, de critiquer, même implicitement, les « vœux » qui touchent de près à la religion. Si en effet, par les vœux, la religion touche à la promesse, elle touche par le repentir aux progrès, aux changements, à toutes les formes d'amélioration, de conversion, ou de rédemption qui peuvent se produire dans nos vies, et souvent les guider. En novembre 1645, Descartes se trouve ainsi contraint de faire quelque peu marche arrière, quant à sa critique du repentir, pour tenir compte d'une remarque assez ferme que lui avait faite la princesse Élisabeth dans une précédente lettre, en lui opposant et rappelant la nature profondément chrétienne de cette passion. Descartes écrit alors :

Le conservatisme paradoxal de Spinoza – enfance et royauté, Paris, P.U.F., 2002.

1. On lira ainsi, dans une lettre à Mersenne du 9 janvier 1639, quelques amusantes remarques de Descartes sur sa santé passée et présente, et donc sur les changements physique et moraux qui se sont passés en lui au point qu'il n'est quasiment plus le même : « Et pour ce que l'âge m'a ôté cette chaleur de foie qui me faisait autrefois aimer les armes, et que je ne fais plus profession que de poltronnerie, et aussi que j'ai acquis quelque peu de connaissance de la médecine, et que je me sens vivre, et me tâte avec autant de soin qu'un riche goutteux, il me semble quasi que je suis maintenant plus loin de la mort que je n'étais en ma jeunesse » (AT II 480 9-17).

> Je n'oserais aussi contredire à ce que Votre Altesse écrit du **repentir**, vu que c'est une vertu chrétienne, laquelle sert pour faire qu'on se corrige, non seulement des fautes commises volontairement, mais aussi de celles qu'on a faites par ignorance, lorsque quelque passion a empêché qu'on ne connût la vérité [1].

Un bon chrétien doit être à la fois fidèle à sa promesse, et capable de se modifier en profondeur. Les deux donnent de la joie, alternativement sans doute, mais n'en sont pas moins logiquement contradictoires. Quelle que soit par ailleurs sa critique du repentir, Descartes se servait déjà, en 1641, du vocabulaire religieux de la «conversion» pour se réjouir d'un changement d'avis, d'un revirement, de l'abbé Picot en matière de philosophie :

> Je suis bien aise que M. Picot ait pris quelque goût en ma métaphysique ; car vous savez qu'**il y a plus de joie dans le ciel pour un pécheur qui se convertit, que pour mille justes qui persévèrent** [2].

Le changement d'avis (rapproché d'une «conversion», mais qui aurait pu tout aussi bien l'être d'un «repentir») est ici valorisé par Descartes. Ainsi, selon les cas, les deux attitudes (changer radicalement, ne pas être fidèle à soi-même, ou au contraire être fidèle à soi-même, et persévérer) sont toutes deux valorisées. Et d'ailleurs, si dans une philosophie comme celle de Spinoza, la «persévérance dans l'être» est le fondement de toute vertu comme de toute sagesse, dans la sagesse populaire et théologique, la persévérance est autant, et même peut-être plus, un grave défaut qu'une qualité. Qu'on songe par exemple au retour si fréquent, dans l'Ancien Testament, de la formule

1. À Élisabeth, 3 novembre 1645 ; AT IV 331 9-14.
2. À Mersenne, 18 mars 1641 ; AT III 340 3-6.

très négative et en général annonciatrice de catastrophe : « Son cœur s'endurcit » (il s'agit très souvent du Pharaon – et chacun de nous perçoit très bien le danger de sclérose, de repli, d'insensibilité voire de cruauté enveloppé dans cette formule). Qu'on pense, également, au fait que « persévérer » est traditionnellement rapporté au Malin : *errare humanum est, sed perseverare diabolicum*. Qu'on pense aussi au rire, destiné selon Bergson (très plausiblement) à alerter, puis à châtier, celui qui dans son caractère, ses gestes, sa façon de parler, ses obsessions, ses grimaces et ses tics, s'endurcit, se pétrifie, perd la souplesse et la capacité de changer et de s'adapter qui sont la marque de l'évolution et de la vie – et donc, car il faut évidemment en venir là, introduit une dimension de mort dans la société. Platon et Freud l'avaient souligné : ce qui ne change plus est semblable à la mort, et inquiétant en cela. Qu'on songe, donc, à tout cela, et l'on comprendra mieux pourquoi le changement est tantôt dévalorisé comme inconstance, tantôt valorisé comme métamorphose salutaire ; et symétriquement, pourquoi la persévérance est tantôt valorisée comme constance (Dieu ne change pas), tantôt dévalorisée comme obstination ou endurcissement diaboliques.

Un remarquable exemple de ces valorisations contradictoires est fourni par un échange entre Descartes et la Princesse Élisabeth, en janvier 1646. La princesse, peut-être un peu étourdiment, s'était plainte, dans une lettre à Descartes, du fait que son frère Édouard, Prince Palatin, avait abjuré le protestantisme pour se convertir au catholicisme, ce qui à l'époque avait fait grand bruit. Or c'est une des rares occasions où Descartes, bien loin de montrer de la bienveillance ou même de la compréhension, rebute franchement la Princesse. Il écrit en effet, dès le début de sa lettre :

Madame, je ne puis nier que je n'aie été surpris d'apprendre que Votre Altesse ait eu de la fâcherie, jusqu'à en être incommodée en sa santé, pour une chose que la plus grande part du monde trouvera bonne, et que plusieurs fortes raisons peuvent rendre excusables envers les autres. Car tous ceux de la religion dont je suis (qui sont, sans doute, le plus grand nombre dans l'Europe), sont obligés d'approuver, encore même qu'ils y vissent des circonstances et des motifs apparents qui fussent blâmables ; car nous croyons que Dieu se sert de divers moyens pour attirer les âmes à soi, et que tel est entré dans le cloître, avec une mauvaise intention, lequel y a mené, par après, une vie fort sainte. Pour ceux qui sont d'une autre créance, s'ils en parlent mal, on peut récuser leur jugement ; car, comme en toutes les autres affaires, touchant lesquelles il y a divers partis, il est impossible de plaire aux uns, sans déplaire aux autres. S'ils considèrent qu'ils ne seraient pas de la religion dont ils sont, si eux, ou leurs pères, ou leurs aïeuls n'avaient quitté la romaine, ils n'auront pas sujet de se moquer, *ni de nommer inconstants ceux qui quittent la leur*[1].

Pour un catholique, un protestant qui abjure n'est donc nullement « inconstant », ce n'est pas un « esprit faible ». Descartes joue ici de la symétrie logique des valorisations : si un changement initial de foi religieuse (par exemple, au XVIe siècle, les premières conversions au protestantisme de certains catholiques) a pu être valorisé par la Princesse, au nom de quoi dévaloriserait-elle, un siècle plus tard, la conversion inverse ? Descartes est tout à fait fondé à raisonner de la sorte. Mais évidemment, il ne peut éviter en cela même de cautionner par avance de nouvelles éventuelles conversions, dans les siècles futurs, qui feraient revenir certains catholiques vers le

---

1. À Élisabeth, janvier 1646 ; AT IV 351 1 – 352 8 [je souligne].

protestantisme, *et sic in infinitum*, ce qui est un prix assez élevé à payer pour l'emporter dans une telle discussion. On en dirait d'ailleurs autant des dangereuses références aux martyres des premiers chrétiens dans l'Empire Romain, si fréquentes au XVIIᵉ siècle (par exemple dans le *Polyeucte* de Corneille). D'un côté, elles peuvent évidemment assurer et conforter la foi chrétienne, puisqu'on voit tout ce qu'ont accepté d'endurer pour leur foi des femmes et des hommes touchés par la grâce. Mais d'un autre côté, ces conversions primitives ne peuvent manquer de fragiliser la foi qu'elles sont censées soutenir. Car elles montrent qu'une conversion religieuse est toujours possible, non pas seulement de la part « d'esprits faibles » ou « irrésolus », mais bien de la part d'hommes et de femmes intelligents, réfléchis, pondérés, et généralement vertueux. Ces conversions et ces martyres sont donc des références à double tranchant pour toute religion établie. L'aspect symétrique et réversible du raisonnement de Descartes pourrait d'ailleurs fournir une indication sur ses sympathies envers le protestantisme, quand bien même, dans ce passage, il fait hautement (voire ostensiblement) profession de son catholicisme. La critique des vœux et des promesses, on le sait, caractérise bien plus un point de vue protestant qu'un point de vue catholique[1]. Bien d'autres éléments convergeraient en ce sens[2]. Et si la

1. Voir *infra*, *Documents et discussions*, 1, p. 123-127.
2. Comme y insiste Maxime Leroy, Descartes choisit le côté protestant de la Hollande, en s'inscrivant en 1629 à l'université protestante de Franeker, négligeant les Pays-Bas espagnols et l'université catholique de Louvain, montrant très peu de goût pour l'Italie, et s'exilant sa vie durant de la France très catholique ; « ses meilleurs amis en Hollande sont protestants : Huyghens, Pollot, Beeckman, Reneri, Regius, Aemilius, tant d'autres encore, théologiens, savants, professeurs. M. Ch. Adam a pu écrire que, jusqu'en 1634, presque tous les amis de Descartes sont Huguenots [Ch. Adam, *Descartes*, p. 169] », même si

Princesse Élisabeth avait confié librement à Descartes le fait qu'elle était choquée par la conversion de son frère au catholicisme, n'était-ce pas que, d'une façon ou d'une autre, elle avait eu matière à supposer que cette confidence pouvait être favorablement reçue par le philosophe ?

GÉNÉROSITÉ ET DRESSAGE ;
« ESPRITS FORTS » ET « ESPRITS FAIBLES »

Il ne serait d'ailleurs pas même besoin, pour mettre en évidence la double attitude de Descartes par rapport aux valeurs à accorder à la fidélité et au changement, de l'attacher à son lieu ou à son lien religieux. Descartes donne en effet, dans sa dernière œuvre, la justification philosophique des changements et conversions profonds qui peuvent se produire dans nos vies. On présente en effet généralement *Les Passions de l'âme* comme une sagesse de la « générosité », c'est-à-dire de l'exercice du libre arbitre, ou encore de la « ferme et constante

---

ses correspondants à Paris (Mersenne, Clerselier), sont « fermement et notoirement catholiques ». La fille de Descartes, Francine, a été baptisée sous le nom de Fransintge « dans l'église réformée de Deventer » (Baillet rapporte le baptême, mais omet la mention du temple). Descartes n'a jamais abandonné la mère de sa fille : on a pu montrer récemment (cf. *Bulletin cartésien* 32) qu'il l'avait « établie » en étant témoin de son mariage en 1644 à Leyde et en se portant garant à son égard pour une importante somme d'argent. Geneviève Rodis-Lewis ne souffle mot de ces différences de religion, évoquant pour Francine, entre guillemets, mais pour une fois sans références, « un seul baptême » qui, « valable pour tous les chrétiens », aurait permis à l'enfant, « ensuite », « d'être élevée dans la religion catholique », comme si cela allait de soi (Rodis-Lewis, *Descartes, Biographie, op. cit.*, p. 199).

résolution ». Et bien sûr c'est exact[1]. Mais Descartes y déclare
pourtant explicitement qu'on peut se transformer soi-même
autant qu'un chien qui, naturellement repoussé par le bruit du
bruit du fusil et attiré par les perdrix, peut-être dressé à adopter
les comportements contraires. Si bien que *Les Passions de
l'âme* pourraient tout aussi bien être lues comme un traité des
métamorphoses que comme un traité des constances. Les modi-
fications de soi auxquelles Descartes nous invite ressemblent
en effet, de très près, à de véritables conversions comportementales (mais y en a-t-il d'autres ?), incontestablement valorisées. L'homme qui se modifie, se change, et se dresse lui-
même est très différent du voyageur obstiné dans la forêt.

D'ailleurs, comme pour parfaire ce renversement, Descartes
annule de fait, dans *Les Passions de l'âme*, la distinction entre
« esprits forts » et « esprits faibles », qui lui avait tant servi pour
critiquer l'irrésolution, l'inconstance, ou l'absence de fidélité[2].

Le rejet des promesses par Descartes, dans le *Discours
de la Méthode*, s'appuyait en effet (on s'en souvient) sur
la certitude explicite de l'existence d'« esprits faibles »,
puisque, aux yeux de Descartes, les « promesses », comme les
« vœux » et les « contrats » avaient pour fonction de « remédier
à *l'inconstance des esprits faibles* ». Or, cette distinction entre
« esprits forts » et « esprits faibles », si « maladroite » fût-elle
(pour reprendre le mot de Gilson), et si peu agréable soit

1. Voir Descartes, *Les Passions de l'âme*, article 153 : « En quoi consiste la
générosité ».
2. On se souvient que l'expression était déjà présente dans le passage de la
troisième partie du *Discours de la méthode* dont nous sommes partis (« Non que
je désapprouvasse les lois qui, pour remédier à *l'inconstance des esprits faibles*,
permettent », etc.). Cette distinction était au centre du commentaire que donnait
Gilson de ce passage : voir *infra*, *Documents et discussions*, 1, p. 123-127.

pour le lecteur contemporain la morgue aristocratique qu'elle
exprime, fait incontestablement partie du vocabulaire et des
préoccupations de Descartes, sous de nombreuses formes. On
lit par exemple, dans une lettre du 27 avril 1637 à Mersenne :
« le mot *video meliora proboque*[1] […] n'est que pour les
esprits faibles ». Descartes écrit à Élisabeth, en novembre
1646 : « Et même aussi j'ose croire que la joie intérieure a
quelque secrète force pour se rendre la fortune plus favorable.
Je ne voudrais pas écrire ceci à des personnes qui auraient
l'esprit faible, de peur de les induire à quelque superstition ; mais », etc.[2]. Ou encore, dans les *Passions de l'âme*,
à l'article 191, qui traite du repentir, Descartes évoque les
« *esprits faibles* », qui « se repentent souvent des choses qu'ils
ont faites sans savoir assurément qu'elles sont mauvaises ».

On trouve sous la plume de Descartes un certain nombre de
variantes dans l'expression de cette même idée : principalement « les grandes âmes », « les âmes basses et vulgaires »,
« les plus grandes âmes », « les âmes faibles et basses », ou
« fortes et généreuses », les esprits « fermes », « plus forts » ou
« plus relevés que le commun ». Ainsi, il évoque, dans une
lettre à Élisabeth du 18 mai 1645, la « différence qui est entre
les *plus grandes âmes* et celles qui sont *basses et vulgaires* »[3].
Toujours à Élisabeth, il écrit, le 6 octobre 1645 : « Au reste,
encore que la vanité qui fait qu'on a meilleure opinion de soi
qu'on ne doit, soit un vice qui n'appartient qu'*aux âmes faibles
et basses*, ce n'est pas à dire que *les plus fortes et généreuses*

1. AT I 366 15-16 ; « Je vois le meilleur, je l'approuve et je fais le pire
<*deteriora sequor*> », Ovide, *Métamorphoses* VII 20-21, passé en proverbe et
également cité par Spinoza en *Éthique* IV 17 *scolie*.

2. AT IV 529 18-22.

3. AT IV 202 7-8.

ne se doivent mépriser »[1] ; et : « outre cela, comme c'est une chose plus haute et plus glorieuse, de faire du bien aux autres hommes que de s'en procurer à soi-même, aussi sont-ce *les plus grandes âmes* qui y ont le plus d'inclination, et font le moins d'éclat des biens qu'elles possèdent. Il n'y a plus que les *faibles et basses* qui s'estiment plus qu'elles ne doivent, et sont comme les petits vaisseaux, que trois gouttes d'eau peuvent remplir »[2]. Le titre de *l'article 48* des *Passions de l'âme* annonce « En quoi on connaît *la force ou la faiblesse des âmes*, et quel est le mal des plus faibles » ; et celui de *l'article 50* : « Qu'il n'y a point *d'âme* si *faible* qu'elle ne puisse, étant bien conduite, acquérir un pouvoir absolu sur ses passions ». Descartes écrit à Élisabeth, le 21 juillet 1645 : « je n'ai point d'autre sujet, pour vous entretenir, que de parler des moyens que la philosophie nous enseigne pour acquérir cette souveraine félicité, que les *âmes vulgaires* attendent en vain de la fortune, et que nous ne saurions avoir que de nous-mêmes »[3]. Déclarations quelque peu convenues, et, pour la dernière, particulièrement étonnante : car d'où, sinon de la « fortune », avons-nous reçu une âme « forte » ou « faible », « grande » ou « vulgaire » ? Quoi qu'il en soit, la distinction entre les « esprits forts » et les autres se retrouve jusque dans les dernières lettres de Descartes à Élisabeth, par exemple dans celle du 22 février 1649 : « Et je crois que cette humeur de faire des vers, vient d'une forte agitation des esprits animaux, qui pourrait entièrement troubler l'imagination de ceux qui n'ont pas le cerveau bien rassis, mais qui ne fait qu'échauffer un peu plus *les fermes*, et les disposer à la poésie. Et je prends cet emportement pour une

1. AT IV 307 25-29.
2. AT IV 317 2-10.
3. AT IV 252 14-19.

marque *d'un esprit plus fort et plus relevé que le commun* »[1].
La plupart de ces références, il est vrai, sont tirées de la correspondance avec une Princesse, à qui Descartes faisait peut-être
la politesse d'entrer dans sa vision qualitative et aristocratique
du genre humain[2].

Or autant cette hiérarchisation cartésienne entre des esprits
plus ou moins « forts » ou plus ou moins « puissants », quoi
qu'on en pense par ailleurs, trouverait sa place dans le cadre
d'une philosophie comme celle de Spinoza, autant elle entre en
conflit, paradoxalement, avec certaines options fondamentales
de la philosophie de Descartes lui-même. Cette différence vient
principalement des divergences totales des deux philosophes
sur la théorie de la liberté et de la volonté. Spinoza rejette
comme on sait l'une et l'autre, et, considérant les hommes
selon le désir et la puissance, établit (au risque de briser l'unité
du genre humain) des hiérarchies de puissance entre enfants et
adultes, entre hommes et femmes, entre sains d'esprit et fous,
et, par-dessus tout, entre « le sage » et « l'ignorant », dont la
description inversée occupe les dernières lignes de l'*Éthique*.

---

1. AT V 281 11-18.

2. Encore que, comme y insiste Martial Gueroult (*Descartes selon l'ordre
des raisons*, II. *L'âme et le corps*, Paris, Aubier Montaigne, 1968, p. 325) les
Regulae opposaient déjà aux « esprits médiocres » (R8, AT X 399 26) les
« esprits supérieurs » (R4, AT X 373 14), et les « grands esprits » (*ibid.*, 377 3;
cf. R13 433 14). Gueroult est bien conscient de la dualité de la position cartésienne : « cette différence d'aptitude, cette médiocrité d'une part, et cette
supériorité de l'autre, ne font pas que ces esprits aient un entendement pur de
capacité différente » (ici, Gueroult renvoie à R8, AT X 399 24). Mais il parle par
énigmes : car comment une « différence d'aptitude » ne s'accompagnerait-elle
pas d'une « capacité différente » ? Et si les capacités et les aptitudes sont égales,
pourquoi y a-t-il des « esprits supérieurs » et des « esprits médiocres », et que
peuvent bien signifier de telles expressions ?

Mais Descartes, dès les premières lignes du *Discours de la Méthode*, pose au contraire comme un axiome l'unité du genre humain et l'égalité des hommes en ce qui concerne le « bon sens » ou la « raison » : « Le bon sens est la chose du monde la mieux partagée », et la raison « est toute entière en chacun ». D'autre part, redoublant en chaque homme l'égalité en matière de « raison » par une égalité en matière de « liberté » ou de « volonté » (la volonté étant « infinie » aux yeux de Descartes, elle n'est pas susceptible, par définition, de « plus » ou de « moins »), Descartes s'interdit de donner un contenu concevable à la hiérarchie entre des « esprits forts » et des « esprits faibles » : car un « esprit fort » ne pourrait l'emporter ni par la « liberté » ou la « volonté », ni par la « raison » ou « bon sens » (c'est-à-dire « faculté de distinguer le vrai du faux ») sur un « esprit faible ». Que resterait-il alors ? Des différences de « mémoire », de « promptitude d'esprit », de « talent » pour tel ou tel art ? Mais jamais de telles distinctions n'ont été assimilées à la distinction entre « esprit fort » et « esprit faible ». C'est pourquoi le titre de l'article 50 des *Passions de l'âme* (« Qu'il n'y a point d'âme si faible, qu'elle ne puisse, étant bien conduite, acquérir un pouvoir absolu sur ses passions »), posant une égalité absolue entre les « esprits faibles » et les « esprits forts », entre violemment en conflit avec tous les autres passages où Descartes semble conserver une hiérarchie entre les deux.

Les meilleurs interprètes ne s'y sont pas trompés. Ainsi, Denis Kambouchner, dans son commentaire des articles 48 et 49 des *Passions de l'âme*, dans lesquels Descartes entend expliquer « En quoi on connaît la force ou la faiblesse des âmes, et quel est le mal des plus faibles » (art. 48), et « Que la force de l'âme ne suffit pas sans la connaissance de la vérité » (art. 49), ne cache pas le caractère quasi-insurmontable de la difficulté que posent ces deux articles, non seulement en eux-mêmes, mais aussi lorsqu'on les rapporte à l'article 50, qui les annule. Quelles que soient l'ingéniosité des hypothèses de lecture, la patience et la clairvoyance du lecteur (ici extrêmes), le « mystère de la "force" de l'âme » ne semblera pas pouvoir être entamé[1]. Cette « difficulté fondamentale » ne pourra être, dans le meilleur des cas, que « déplacée »[2]. Reprises à nouveaux frais quelque 200 pages plus loin, les analyses devront reconnaître que « les doutes formulés plus haut doivent conserver toute leur force »[3]. Et finalement, s'il faudra se résoudre à « évoquer », « sous le rapport de la force de l'âme », « une certaine inégalité naturelle entre les hommes »[4], on devra néanmoins conclure que, « au titre précis de la "force de l'âme", il subsiste dans la nature psycho-physique de l'homme *une considérable obscurité* »[5].

Peut-être notre lecture sous l'angle des « promesses » nous permettra-t-elle de jeter ici quelque lumière, non pas tant sur le fond[6] que sur l'existence même de ce problème. Pour qui sont

---

1. D. Kambouchner, *L'homme des passions, op. cit.*, II, p. 95 : un alinéa à part, après huit grandes pages d'analyses et d'hypothèses : « Mais en même temps, voilà qui fait reparaître, presque intact, le mystère de sa "force" » (sc. La « force de l'âme », titre de cette section de l'ouvrage – voir p. 87).

2. *Ibid.*, p. 96.

3. *Ibid.*, p. 298.

4. *Ibid.*, p. 300.

5. *Ibid.*, p. 302 [je souligne].

6. Je reste convaincu du fait que les principales difficultés rencontrées par Descartes viennent du fait qu'il admet ce que refusera plus raisonnablement Spinoza, à savoir une « volonté » comme « faculté ». Car, le plus souvent, et même dans les meilleurs des commentaires, cette volonté infinie se voit quasiment hypostasiée, ce qui est d'ailleurs bien naturel. Et alors, on ne sait plus si c'est le « sujet » qui veut ou qui meut son corps, ou si c'est la « volonté ». Différence pourtant capitale : car, tout de même, je n'obéis pas à ma volonté !

les « promesses », les « vœux » et les « contrats » ?, se demande Descartes. Et il répond : pour les « esprits faibles ». L'image qui vient spontanément ici est celle d'un étai, ou d'un garde-fou (ou d'un algorithme, ou d'un formalisme, qui permettraient dans certains calculs de se passer de l'intuition actuelle et présente). Tournons-nous donc vers les « esprits forts » : par contraste, ils ne feront donc ni « promesses », ni « vœux », ni « contrats ». Seront-ils pour autant « irrésolus » ? Tout au contraire, puisqu'un esprit fort se caractérise par le fait qu'il s'en tient, sans « promesses », sans « contrats » et sans « vœux », à de « fermes et constantes résolutions ». Mais alors, notre esprit vacille... Car qu'est-ce qu'une « résolution », sinon *une certaine forme de promesse, de vœu, ou de contrat* ? Bref, nous pouvons maintenant comprendre pourquoi il était si difficile de distinguer les « esprits faibles » des « esprits forts », chez Descartes, comme « ceux qui font des promesses » de « ceux qui prennent des résolutions » (ou, comme disait Descartes en parlant de lui-même, qui « se promettent » quelque chose). C'est qu'en réalité, dans l'univers cartésien, tout le monde fait des promesses, et tout le monde prend des résolutions, c'est-à-dire se fait des promesses à soi-même[1]. Nous pourrions

Mais serait-il correct de dire d'une volonté infinie qu'elle « obéit » au sujet, comme un instrument à sa disposition ? Dans ce cas, par quelle « volonté » commandé-je à ma volonté ? Le nœud des contradictions cartésiennes est sans doute ici, dans cette autonomie/hétéronomie simultanée de la volonté par rapport au sujet.

1. C. Talon-Hugon, commentant l'article 50 des *Passions de l'âme* (*Les passions rêvées par la raison, op. cit.*, p. 234), résume sa thèse en recourant au vocabulaire de la promesse : cet article, déclare-t-elle, « *promet en quelque sorte une explication scientifique des raisons de l'optimisme* » (l'Auteur souligne) – « promesse » qui « ne » serait « qu'un rêve » « de maîtrise absolue » (*ibid.*, p. 235). Concernant le conflit qui oppose, chez Descartes, l'idée de

distinguer les « esprits faibles » des « esprits forts » si la distinction entre « promesse » et « résolution » était claire. Mais ce n'est
pas le cas. Et s'il n'y a plus d'« esprits faibles », les modifica-
tions et conversions pourront toujours être considérés comme
la marque d'esprits à la fois forts et éclairés, si bien qu'il ne
restera absolument aucune raison de critiquer comme provenant d'esprits inconstants, irrésolus ou faibles les changements
ou les infidélités qui scandent et orientent nos vies.

l'égalité stricte des hommes à celle d'une hiérarchie entre « esprits faibles » et
« esprits forts » (inégalité qu'admet finalement Carole Talon-Hugon même si
elle en connaît et reconnaît toutes les obscurités et difficultés), nous aurions
tendance à inverser le propos, et à dire que Descartes promet (déclare, annonce,
proclame) sans doute en bien des passages l'inégalité des esprits, mais tient en
réalité pour leur égalité (et donc pour un « pouvoir absolu », en chaque homme,
d'auto-métamorphose, comme l'indique sans aucune ambigüité l'article 50) .
Car il n'avance jamais aucun argument en faveur de « l'inégalité », tandis
que les deux qu'il donne en faveur de « l'égalité » (infinité de la volonté et
répartition égale du « bon sens ») tiennent au cœur de sa philosophie.

CHAPITRE III

TENIR PAROLE ?
PUISSANCE, CONSTANCE ET INCONSTANCE

(D2) Tenir une promesse, c'est tenir parole. Pratiquement aristocrate[1], Descartes donne prix au respect de la parole donnée (c'était d'ailleurs une des raisons qui rendaient plutôt inattendue sa critique de la promesse dans le texte du *Discours de la méthode* dont nous sommes partis). Et ce respect de la parole donnée, dans la suite naturelle de ce que nous venons d'exposer, devrait se manifester d'autant plus que la parole donnée le serait par un être plus « puissant ». La parole donnée par un être faible et irrésolu, ainsi, devrait être rarement ou mal respectée, la parole d'une « grande âme » ou d'un « prince », en revanche, devrait valoir comme un engagement ferme, à la hauteur de leur puissance, et, par dessus tout, le modèle de la constance devrait être donné par Dieu, c'est-à-dire par l'être le plus puissant.

---

1. Geneviève Rodis-Lewis a montré que, contrairement à une légende bien enracinée, les Descartes n'étaient pas à proprement parler nobles, mais seulement en voie de le devenir. Ils en étaient donc assez proches pour que ça soit sans doute chez eux une question sensible.

Pour un certain nombre de raisons profondes, ce schéma cependant ne fonctionne jamais parfaitement dans le cartésianisme : et, comme nous allons le voir, à chaque niveau, qu'il s'agisse du simple sujet, d'un prince, ou de Dieu, l'inconstance accompagne toujours la puissance comme son ombre (autrement dit, D1 accompagne toujours D2 comme son ombre).

LES PROMESSES DE DESCARTES

(D2) La rupture avec Ferrier

Il ne fait guère de doute que Descartes s'appliquait à lui-même la morale de la « générosité », c'est-à-dire la fermeté dans les résolutions, et qu'il ne se considérait pas lui-même comme un « esprit faible », tout au contraire. De même, nous avons vu le prix qu'il accordait à la « fidélité », aussi bien en amitié qu'en inimitié, et dont il a donné d'innombrables exemples dans sa vie et dans sa correspondance. L'irrésolution est à ses yeux un défaut si grave qu'il en fait lui-même, par une sorte d'effet mimétique, un motif de rupture avec l'artisan Ferrier[1]. En 1629, Descartes avait proposé à Ferrier, habile

---

1. Descartes détestait l'indécision à tel point que, vers la fin de la « querelle d'Utrecht », et alors qu'un mot invoquant l'appui du Prince d'Orange avait calmé les choses, Descartes restait si inquiet de l'absence de sentence définitive, qu'il déclare à Pollot qu'il préférait encore être condamné plutôt que de continuer à devoir supporter cette incertitude : « pour moi, de l'humeur que je suis, *j'aimerais mieux qu'ils me condamnassent*, et qu'ils fissent tout le pis qu'ils pourraient, pourvu que je ne fusse pas entre leurs mains, *que non pas que la chose demeurât indécise*. Car, cela étant, ils serait toujours en leur pouvoir de

tailleur de verre parisien, de venir habiter avec lui en Hollande, et même de l'entretenir entièrement. Ferrier accepte d'abord, puis hésite, change d'avis, trouve des prétextes, ne lui envoie pas les instruments qu'il lui avait promis, ne lui tient pas suffisamment gré d'un véritable petit opuscule qu'avait écrit Descartes à son intention pour lui expliquer très précisément comment fabriquer certaines machines, et commence à agacer Descartes, qui ne semble pas prêt à accepter les « excuses », c'est-à-dire les motifs ou les justifications, qu'invoque Ferrier pour ne pas tenir sa parole :

> car il me mandait l'année passée, que Monsieur Frère du Roy lui avait commande de l'achever [sc. l'instrument de M. Morin], et qu'on lui avait fait venir exprès des étoffes d'Allemagne. Après cela, **je ne vois pas quelle excuse il peut avoir**, et si en trois ans tantôt qu'il est après, il n'en a su venir à bout, je ne dois pas espérer qu'il exécute ces verres, pour lesquels il lui faudrait préparer des machines, que je tiens plus difficiles que cet instrument[1].

Descartes décide alors de ne plus recevoir Ferrier, mais ne veut pas que Mersenne en informe ce dernier, de peur que ce refus ne relance son désir de venir en Hollande. Aux yeux de Descartes, par conséquent, les changements d'avis de Ferrier ne sont pas du tout à mettre au compte du libre-arbitre, ou de la volonté infinie, c'est-à-dire d'une « activité », de ce dernier. Mais, puisque de toute évidence Ferrier appartient, aux yeux de Descartes, à la catégorie des « esprits faibles » et irrésolus,

---

la renouveler, quand ils voudraient, et ainsi je ne serais jamais assuré » (À Pollot, 23 octobre 1643 ; AT IV 28 12-19).

1. À Mersenne, 18 mars 1630 ; AT I 130 8-16.

ses tergiversations doivent être entièrement versées au compte
de ses «humeurs» et de la «passivité» de quelqu'un qui est
soumis à la «fortune» :

> Ce qui fait que je vous prie de ne lui point dire mon intention
> là-dessus, si cela ne lui est nécessaire, c'est que je ne crois pas,
> vu ce qu'il m'avait mandé auparavant touchant l'état de ses
> affaires, qu'il pût venir, encore même que je l'en priasse ; et
> crois assurément que ce qu'il en dit n'est que par je ne sais
> quelle **humeur, pour s'excuser soi-même** de ce qu'il ne fait
> pas autre chose. Mais s'il savait que je ne fusse plus en volonté
> de l'avoir avec moi, peut-être que ce serait alors qu'il le dési-
> rerait le plus, et qu'il dirait qu'il s'y serait attendu, et que je lui
> aurais fait perdre beaucoup d'autres bonnes occasions. Car il y
> en a qui sont de telle **humeur**, qu'ils ne désirent les choses que
> lorsque le temps en est passé, et qui inventent des sujets pour se
> plaindre de leurs amis, **pensant ainsi excuser leur mauvaise
> fortune**[1].

À ce titre, «l'irrésolution» de Ferrier est une «infortune»,
et doit être «plainte» :

> Après tout, je **plains** fort M. Ferrier et voudrais bien pouvoir,
> sans trop d'incommodité, soulager sa **mauvaise fortune** ; car il
> la mérite meilleure, et je ne connais en lui de défaut, sinon qu'il
> ne fait jamais son compte sur le pied des choses présentes, mais
> seulement de celles qu'il espère ou qui sont passées, et qu'il a
> une certaine **irrésolution** qui l'empêche d'exécuter ce qu'il
> entreprend. Je lui ai rebattu presque la même chose en toutes les
> lettres que je lui ai écrites[2].

1. À Mersenne, 18 mars 1630 ; AT I 131 4-20.
2. À Mersenne, 18 mars 1630 ; AT I 132 13-22.

Descartes, comme souvent, durcit progressivement son propos à l'égard de Ferrier, et le range huit mois plus tard dans la catégorie de ceux qui ont l'âme « peu généreuse » :

> je ne serai pas marri qu'on sache que je vous ai témoigné que c'était un homme de qui je fais fort peu d'état, d'autant que j'ai reconnu qu'il n'effectue jamais aucune chose de ce qu'il entreprend, et outre cela qu'*il a l'âme peu généreuse*[1].

Les relations avec Ferrier illustrent donc le cas d'une « rupture »[2]. La question n'est pas seulement pénible sur un plan affectif. Elle pose également à Descartes un problème moral et logique, au vu de ses ambitions en matière de constance, de fermeté, de fidélité, et de « fermes résolutions » de s'en tenir à une conduite ou à un comportement une fois adoptés[3]. Dans la correspondance de Descartes, assez différente en cela de celle de Spinoza, on trouve peu de « ruptures ». Descartes, pour l'essentiel, garde ses amis comme ses ennemis. S'il se fâche avec le Père Bourdin, ils se réconcilieront publiquement.

---

1. À Mersenne, 4 novembre 1630 ; AT I 173 2-6.

2. La lettre du 2 décembre 1630, à Ferrier, est une lettre de rupture et de justifications de la part de Descartes, qui regrette de n'avoir pas compris plus tôt à qui il avait affaire, de l'avoir mal jugé, etc., si bien que peu à peu il a changé d'avis à son sujet et ne veut plus vraiment travailler avec lui. En fait, comme il l'explique dans la lettre écrite le même jour à Condren, Descartes cherche surtout à échapper aux plaintes et « excuses » (AT I 189 11) de Ferrier, et adopte à son égard un ton protecteur et supérieur.

3. Geneviève Rodis-Lewis, dans le *Prologue* de sa *Biographie* de Descartes, insiste sur le fait que certains comportements de Descartes « appellent une réflexion nouvelle » sur le philosophe : « Toute sa vie il alternera l'ouverture à de nombreux amis, de condition domestique, bourgeoise ou princière, avec de brutales ruptures, et quelques réconciliations » (*Descartes, Biographie, op. cit.*, p. 16). Le présent essai tente de donner sens à cette dualité de comportements.

De même avec Gassendi[1]. Les trois ruptures principales sont
avec Ferrier, Beekman, et Regius. Mais peu après la rupture
avec Ferrier, Descartes laisse si bien voir la dimension gênante
de cet événement, qu'il va jusqu'à rédiger pour Mersenne une
lettre de justification à rendre publique au cas où l'on pourrait
penser qu'il a en la circonstance pu faire lui-même preuve
d'inconstance ou de versatilité :

> Il n'est pas besoin qu'on sache plus particulièrement en quoi
> j'ai sujet de le blâmer, pour ce qu'il ne me semble pas seule-
> ment digne que je me fâche contre lui. Toutefois, **si quelqu'un**
> **pensait que j'eusse eu tort, lui ayant autrefois témoigné**
> **de l'affection, de l'abandonner maintenant du tout,** je vous
> écrivis une lettre, lorsque vous étiez, je crois à Anvers, par
> laquelle vous me pourrez **justifier,** s'il vous plaît[2].

Adam et Tannery indiquent en note que cette lettre est
malheureusement perdue, même si l'on peut trouver quelques
indications sur ce qu'y aurait dit Descartes dans une autre lettre
que nous avons conservée[3]. Quoi qu'il en soit, la démarche de
Descartes a quelque chose de frappant : comme s'il percevait
la contagion mimétique de l'inconstance, et le piège logique
qu'elle tend, sous forme d'un « double bind » caractéristique.
Rompre avec quelqu'un parce qu'il est inconstant, c'est en
effet entrer à son tour dans l'inconstance. Mais ne pas rompre
avec un ami inconstant pourrait être la marque d'un esprit
irrésolu ou faible.

---

1. Sur les circonstances de cette réconciliation publique, voir G. Rodis-
Lewis, *Descartes, Biographie, op. cit.*, p. 254.
2. À Mersenne, 4 novembre 1630 ; AT I 173 6-14.
3. Lettre XX, AT I 129 *sq.*

(D1) La publication du traité du Monde, *et des* Passions
de l'âme

Descartes savait devoir donner l'exemple en matière de
fidélité affective comme en matière de fidélité à la parole
donnée. À vrai dire, il n'y a pas grande différence entre les
deux : car, si une parole donnée ne suppose pas nécessairement
une amitié, en revanche une amitié est toujours plus ou moins
une parole donnée. Et cependant, on trouve dans sa correspondance de quoi nuancer quelque peu cette description. Il s'agit
pour l'essentiel des relations complexes qu'entretient l'écrivain avec le traité du *Monde*, qu'il s'était engagé à écrire, et
avec le public ou les amis qui attendaient ce travail, ce qui le
rendait d'autant plus pénible à réaliser pour Descartes, qui n'a
jamais aimé être obligé ou contraint. Il écrit ainsi à Mersenne,
en novembre 1630 :

> Et je serais fort aise qu'on ne sût point du tout que j'ai ce dessein
> [sc. faire imprimer la Dioptrique] : car de la façon que j'y
> travaille, elle ne saurait être prête de longtemps. J'y veux
> insérer un discours où je tacherai d'expliquer la nature des
> couleurs et de la lumière, lequel m'a arrêté depuis six mois, et
> n'est pas encore à moitié fait ; mais aussi sera-t-il plus long que
> je ne pensais, et contiendra quasi une physique toute entière ; en
> sorte que je prétends qu'elle me servira **pour me dégager de la**
> **promesse que je vous ai faite**, d'avoir achevé mon Monde
> dans trois ans, car c'en sera quasi un abrégé. Et je ne pense pas
> après ceci me résoudre **jamais plus** de **rien** faire imprimer, au
> moins moi vivant [1].

Le désengagement vis-à-vis de la première promesse est
immédiatement suivi, on le voit, d'un nouvel engagement

---

1. À Mersenne, 25 novembre 1630 ; AT I 179 4-16.

négatif assez fort (« *ne plus jamais rien* faire imprimer »), qui ne sera pas plus tenu, malgré l'insistance avec laquelle Descartes réitère cette « résolution », quelques lignes plus loin. Après avoir demandé à Mersenne, encore une fois, d'ôter de la tête des gens l'idée qu'il voudrait « écrire quelque chose », Descartes ajoute en effet :

> de fait, après la Dioptrique achevée, **je suis en résolution** d'étudier pour moi et pour mes amis à bon escient, c'est-à-dire de chercher quelque chose d'utile en la médecine, sans perdre de temps à écrire pour les autres, qui se moqueraient de moi si je le faisais mal, ou me porteraient envie si je le faisais bien, et ne m'en sauraient jamais de gré, encore que je le fisse le mieux du monde[1].

Comme on le saura par la suite (même si, bien évidemment Descartes ne pouvait pas le savoir lui-même au moment où il faisait cette déclaration), sa « résolution » *de ne plus* écrire ne sera pas respectée, et son œuvre publié sera même assez important en quantité. Descartes ne tenait donc pas toujours ses « résolutions », même négatives. Ceci pourrait donner sens, d'ailleurs, aux quelques allusions toujours très dépréciatives faites par Descartes au personnage du Fanfaron ou du Matamore, qui ne tient pas ses promesses, et dont la parole ne vaut pas grand chose[2]. Dans le projet de constituer une œuvre, en

1. À Mersenne, 25 novembre 1630 ; AT I 180 7-15.

2. Voir *Beaugrand à Mersenne*, mars 1638 (Correspondance de Mersenne, VII 87-103), et l'écrit anonyme hermétiste dirigé contre le *Discours*, édité à La Haye en 1640, le *Pentalogos*, où Descartes est nommé *Naturalista gloriosus*, en référence au *miles gloriosus*, le soldat fanfaron de la comédie latine » (Jean-Pierre Cavaillé, « "Le plus éloquent philosophe des derniers temps". Les stratégies d'auteur de René Descartes », *Annales. Histoire, Sciences Sociales*, Année 1994, vol. 49, n°2, p. 362, n. 60).

effet, les promesses que l'on se fait à soi ou aux autres, sans doute indispensables, ne peuvent qu'être inquiètes de ce genre de trahison ou d'échec. Et un philosophe, qui par définition s'attaque à de grands problèmes ou à de grands adversaires (le « Malin Génie », le « Dieu Trompeur »), est toujours déjà la moitié d'un Matamore.

Deux ans plus tard, et toujours à Mersenne, Descartes reconnaît qu'il n'a que rarement tenu ses promesses concernant le traité du *Monde*, et qu'il est souvent sujet à cette relative négligence :

> Je juge bien que vous aurez voulu différer [la faveur de m'écrire] jusqu'à ce que je vous eusse envoyé le Traité que je vous avais **promis** à ces Pâques. Mais je vous dirai qu'encore qu'il soit presque tout fait, et que je pusse **tenir ma promesse**, si je pensais que vous m'y voulussiez contraindre à la rigueur, je serai toutefois bien aise de le retenir encore quelques mois, tant pour le revoir que pour le mettre au net […]. **Que si vous me blâmez de ce que je vous ai déjà tant de fois manqué de promesse**, je vous dirai pour mon **excuse**, que rien ne m'a fait différer jusques ici d'écrire le peu que je savais, que l'espérance d'en apprendre davantage, et d'y pouvoir ajouter quelque chose de plus [1].

Et, quelques lignes plus loin :

> Enfin, **si je diffère à m'acquitter de ma dette**, c'est avec intention de vous en payer l'intérêt [2].

---

1. À Mersenne, 5 avril 1632 ; AT I 242 5 – 243 8. En juin 1632, à propos de l'envoi du traité du *Monde*, il « n'ose plus dire » à Mersenne « quand ce sera », et ajoute : « car j'ai déjà manqué tant de fois à mes promesses, que j'en ai honte » (AT I 255 1-3).
2. AT I 243 23-24.

Celui qui, pour une raison ou pour une autre, ne peut pas honorer ses dettes, promet de mirifiques intérêts à son débiteur. Ces cas, pensera-t-on sans doute, devraient être distingués : la « promesse » d'écrire un livre ne peut pas être comparée à la « promesse » de rembourser une somme que l'on doit, ou à la promesse que l'on fait à un enfant de l'emmener en excursion, ou à l'engagement pris en signant un contrat. Car, puisque le livre n'est pas écrit, il n'appartient même pas à titre de virtualité à l'ordre des choses, et on ne peut jamais savoir si on pourra créer ce qu'on a promis de créer ; tandis qu'au contraire une dette est parfaitement définie, une excursion est également définie par les lieux envisagés, les moyens de transport, etc., et un contrat précise bien les engagements auxquels on souscrit. Sans nier qu'il puisse exister à première vue une différence entre promettre quelque chose qui n'a jamais existé, et par conséquent d'imprécis, et promettre quelque chose de précis, voire de détaillé, et dont la réalité offre de nombreux exemples, on pourrait cependant répondre que ces différences ne permettent pas de distinguer véritablement des cas de promesses différentes. Car, en réalité, le remboursement d'une dette reconnue, la promenade faite conformément à ce qui avait été promis, ou le respect des clauses d'un contrat signé, n'appartiennent pas plus à la réalité, au moment où ils sont promis, qu'un livre qu'on promet d'écrire. Des empêchements de toute nature peuvent rendre impossible de rembourser une somme due, de faire une promenade, ou de respecter un contrat, et par conséquent la précision ou l'imprécision des choses promises ne les rend nullement plus ou moins faciles à honorer.

Une grande année plus tard (donc bien après les quelques « mois » de délais évoqués ci-dessus), Descartes, visiblement préoccupé par cette affaire de tenir ou non sa promesse de livrer le traité du *Monde*, écrit à nouveau à Mersenne :

Mon Traité est presque achevé, mais il me reste encore à le corriger et à le décrire; et pour ce qu'il ne m'y faut plus rien chercher de nouveau, j'ai tant de peine à y travailler, que **si je ne vous avais promis**, il y a plus de trois ans, de vous l'envoyer dans la fin de cette année, je ne crois pas que j'en pusse de longtemps venir à bout; **mais je veux tâcher de tenir ma promesse** [1].

Dire « je veux tâcher de tenir ma promesse », n'est-ce pas, encore une fois, la phrase type de celui qui ne tient pas ses promesses ? En effet, s'il faut une deuxième promesse (« je promets d'essayer de tenir ma promesse ») pour venir au secours de la première, il en faudra une troisième au secours de la seconde, et ainsi de suite à l'infini – et aucune de cette infinité de promesses ne pourra jamais être tenue. D'ailleurs, à la différence de bien d'autres verbes, « promettre » ne se redouble pas : la phrase « je te promets que je te promettrai telle chose », non seulement n'est pas usuelle, mais serait à coup sûr considérée comme une plaisanterie par celui à qui on l'adresserait. Une promesse est donc une des rares choses qu'on ne peut pas promettre. Elle (se) fait obligatoirement (au) présent. De fait, lorsque Descartes renonce, à la fin novembre 1633, à publier son traité du *Monde*, à cause de la condamnation de Galilée survenue quelques mois auparavant, il semble presque heureux, soulagé, d'avoir été délivré de ses promesses anciennes : se comparant à ces « mauvais payeurs » qui « demandent du délai » à leurs créanciers, il écrit en effet :

Je n'ai jamais eu l'humeur portée à faire des livres, et si je ne m'étais engagé de **promesse** envers vous, et quelques autres de mes amis, afin que le désir de vous **tenir parole** m'obligeât

1. À Mersenne, 22 juillet 1633 ; AT I 268 13-20.

d'autant plus à étudier, je n'en fusse jamais venu à bout. Mais
après tout, je suis assuré que vous ne m'enverriez pas de
sergent, pour me contraindre à m'acquitter de ma dette, et vous
serez peut-être bien aise d'être exempt de la peine de lire de
mauvaises choses [1].

Mais quelques mois plus tard, la mauvaise conscience
reprend le dessus, et, toujours à propos de la même publication,
Descartes se reproche de n'avoir pas honoré ses promesses,
et va jusqu'à faire semblant de croire que l'amitié que lui
porte Mersenne aurait pu être affectée par cette absence de
ponctualité :

> Si je n'avais eu de trop longues preuves de la bonne volonté que
> vous me faites la faveur de me porter, pour avoir aucune
> occasion d'en douter, j'aurais quasi peur qu'elle ne fût un peu
> refroidie, **depuis que j'ai manqué à la promesse que je vous
> avais faite**, de vous envoyer quelque chose de ma philosophie [2].

Quelques années plus tard, enfin, en juin 1639, Descartes
répondra avec quelque vivacité à Huygens, qui insistait un peu
lourdement pour qu'il publie malgré tout son traité du *Monde*.
Le passage est intéressant en ce qu'on y entend un Descartes à
la fois très « résolu », et faisant à son accoutumée de cette « résolution » l'essence même de sa nature philosophique, tandis
que le fond de cette « résolution » s'avère négatif, et consiste,
comme nous l'avons souvent remarqué chez Descartes, à se
montrer très « résolu » à *ne pas* faire quelque chose :

> je dirai seulement que, les raisons qui m'ont ci-devant
> **empêché de faire** ce que vous me voulez persuader, n'étant

1. À Mersenne, fin nov 1633 ; AT I 271 19-27.
2. À Mersenne, février 1634 ; AT I 281 6-12.

point changées, je ne saurais aussi changer de **résolution**, sans témoigner une inconstance qui ne doit pas entrer en l'âme d'un philosophe [1].

La publication des *Passions de l'âme*, presque 10 ans après, donnera lieu à des échanges portant, assez étrangement, sur cette même question de promesses non tenues de la part de Descartes. Un correspondant (Clerselier ou Picot), auteur de « l'Avertissement », écrit une première longue lettre à Descartes, dans laquelle il se plaint que Descartes ne tienne pas une certaine « promesse » :

> J'avais été bien aise de vous voir à Paris cet été dernier, pource que je pensais que vous y étiez venu à dessein de vous y arrêter, et qu'y ayant plus de commodité qu'en aucun autre lieu pour faire les expériences dont vous avez témoigné avoir besoin afin d'achever les traités que vous avez **promis** au public, vous ne manqueriez pas de tenir votre **promesse**, et que nous les verrions bientôt imprimés. Mais vous m'avez entièrement ôté cette joie lorsque vous êtes retourné en Hollande et je ne puis m'abstenir ici de vous dire que je suis encore fâché contre vous de ce que vous n'avez pas voulu, avant votre départ, me laisser voir le traité des passions qu'on m'a dit que vous avez composé [2].

Descartes répond avec quelque hauteur ; mais, à la fin de sa lettre de réponse, fait néanmoins une concession sous la forme d'une nouvelle « promesse » :

> Et afin que vous ne doutiez pas de mon dire, **je vous promets** de revoir cet écrit des *Passions*, et d'y ajouter ce que je jugerai

---

1. À Huygens, 19 juin 1639 ; AT II 552 11-16.
2. AT XI 301 14 – 302 11.

nécessaire pour le rendre plus intelligible, et qu'après cela je
vous l'enverrai pour en faire ce qu'il vous plaira[1].

L'échange ne s'arrête pas là. Comme l'explique Alquié :
« Dans une seconde lettre, datée du 23 juillet 1649, l'auteur
de l'Avertissement se plaint de ne pas avoir reçu le traité des
Passions, et accuse Descartes de ne le lui avoir *promis* que
pour l'empêcher de publier sa première lettre »[2]. Dans sa
réponse à cette seconde lettre, Descartes se défendra, mais
assez mollement :

> Monsieur, je suis fort innocent de l'artifice dont vous voulez
> croire que j'ai usé […]. [Mais] je ne puis pas si bien m'excuser
> de la négligence dont vous me blâmez. Car j'avoue que j'ai été
> plus longtemps à revoir le petit traité que je vous envoie que je
> n'avais été ci-devant à le composer[3].

– comme si sa réticence à tenir ses promesses était maintenant
un fait si bien connu qu'il ne lui était plus vraiment possible
de le nier.

LES PROMESSES DES PRINCES

(D1-D2) Descartes lecteur de Machiavel

Dans les quelques lettres où il donne son sentiment sur
Le Prince, Descartes revient à plusieurs reprises sur la
question, soulevée par Machiavel, de savoir si un Prince doit
ou non tenir sa parole. Il est d'abord choqué par les thèses de
Machiavel, et estime « très tyrannique » un certain nombre

---

1. AT XI 324 6-10.
2. *Œuvres philosophiques, op. cit.*, III, p. 949.
3. AT XI 325 21 – 326 10.

de ses « préceptes », parmi lesquels « qu'on ne *tienne sa parole qu'aussi longtemps qu'elle sera utile* » [1]. Descartes désapprouve donc ici ce qu'il avait lui-même approuvé dans le *Discours de la méthode*. Sans doute, Descartes n'a jamais manié le style cynique de Machiavel, et jugeait ne pas devoir faire de promesses du tout, plutôt que d'en faire qui le lieraient et « retrancheraient quelque chose de sa liberté ». Et en ce sens, il semblait bien, dans le *Discours de la méthode*, dire exactement le contraire de ce que soutient Machiavel dans *Le Prince* : à savoir, non pas qu'il *faut faire* des promesses pour gouverner, quitte ensuite à les tenir ou à ne pas les tenir, selon ce qui s'avèrera le plus judicieux ; mais qu'il *ne faut pas en faire* pour ne pas être contraint ensuite par elles. Il n'en reste pas moins que le motif fondamental pour lequel Machiavel souhaite que les Princes ne tiennent pas toujours leur parole est le même que celui pour lequel Descartes ne souhaitait pas s'engager par des promesses. Les deux auteurs, en effet, subordonnent la pratique (ou la non pratique) des promesses et des engagements à la considération de leur « utilité », et à certaines options supérieures (vitales-existentielles ou diplomatiques-politiques) pour l'accomplissement desquelles le respect des promesses pourrait s'avérer un obstacle [2].

---

1. À Élisabeth, septembre 1646 ; AT IV 487 3-4 et 8-9.

2. Voir, sur cette question et sur les thèses de Machiavel, les analyses de Derrida, dans le séminaire *La bête et le souverain* (vol. 1 *(2001-2002)*, Paris, Galilée, 2008, p. 121 *sq.*). Voir également, chez Spinoza, dont on connaît l'intérêt pour Machiavel (cf. *Traité Politique*, chap. 5, § 7), le passage du chapitre XVI du *Traité Théologico-Politique* dans lequel Spinoza développe la thèse des promesses que l'on ne peut pas faire (des illusions de promesse, donc, comme il y a des illusions de pensée), à savoir celles par lesquelles je renoncerais « à mon droit naturel sur toute chose » : « Nul ne promettra sinon par tromperie *<neminem absque dolo promissurum>* de renoncer au droit qu'il a sur toutes

La double attitude (valorisante/dévalorisante) de Descartes
à l'égard des promesses et des engagements apparaît très
clairement dans la suite de son analyse de Machiavel, c'est-
à-dire dans l'espace des quelques pages d'une seule lettre à la
Princesse Élisabeth. Après la première réaction quasiment
indignée que nous venons de voir (D2), Descartes semble en
effet, pour un moment, se laisser tenter par l'idée que parfois les
Princes pourraient être justifiés à ne pas tenir leur parole (D1) :

> Pour ce qui regarde les alliés, un prince leur doit tenir
> exactement sa parole, même lorsque cela lui est préjudiciable ;
> [...] mais en celles [sc les occasions] qui le ruineraient tout à

choses, et [...] absolument personne ne tiendra ses promesses <*neminem
promissis staturum*>, sinon par crainte d'un plus grand mal ou par espoir d'un
plus grand bien. Pour me faire mieux comprendre, supposons qu'un brigand me
force à lui promettre de lui donner mes biens quand il voudra <*ponatur
latronem me cogere, ut ei promittam mea bona, ubi velit, ipsi daturum*>.
Puisque, comme je l'ai montré, mon droit naturel n'est déterminé que par ma
seule puissance, il est certain que, si je peux, par tromperie <*dolo*>, me libérer
de ce brigand en lui promettant ce qu'il voudra <*quicquid velit, promittendo*>,
le droit de nature me permet de le faire, c'est-à-dire de le tromper en acceptant le
pacte qu'il impose <*dolo scilicet, quicquid velit, pacisci*>. Supposons encore
que j'ai promis de bonne foi à quelqu'un <*me absque fraude alicui promisisse*>
de ne pas prendre de nourriture ni d'aucun aliment pendant vingt jours et
qu'ensuite je me rende compte que cette promesse est stupide <*me stulte
promisisse*> et que je ne peux pas m'y tenir sans le plus grand dommage ;
puisque, je suis tenu par le droit naturel de choisir entre deux maux le moindre,
je peux donc, avec un droit souverain, rompre un tel pacte <*possum ego summo
jure fidem talis pacti rumpere*> et considérer cette parole comme nulle et non
avenue <*et dictum, indictum ut fit, facere*> [...]. Nous concluons qu'un pacte ne
peut avoir de force qu'eu égard à son utilité <*pactum nullam vim habere posse,
nisi ratione utilitatis*> » (*TTP*, chap. XVI, Gebhardt, III, 192 8-26; trad. fr.
Lagrée-Moreau, Paris, P.U.F., 1999, p. 513). L'illusion de la « promesse »
entraîne celle du « pacte » : et l'on sait que le « pacte » social disparaîtra de la
dernière philosophie politique de Spinoza.

fait, **le droit des gens le dispense de sa promesse**. Il doit aussi user de beaucoup de circonspection, avant que de promettre, afin de pouvoir toujours garder sa foi[1].

La défaillance à la parole donnée a beau être motivée ici par des circonstances vraiment exceptionnelles (le texte évoque des occasions qui risqueraient de « ruiner tout à fait » le Prince ou ses États), elle n'en garde pas moins en soi quelque chose de choquant, notamment si l'on se souvient du caractère « sacré » que Descartes, dans d'autres textes, reconnaissait à un « dépôt », qu'aucune circonstance n'aurait pu justifier qu'on ne le rendît pas[2]. Et même si l'on admettait, ce que Descartes semble prêt à faire ici, que les motifs des Princes, ou des politiques, ne peuvent pas être exactement les mêmes que ceux des particuliers, il n'en resterait pas moins que toute exception à la parole donnée semblerait d'autant plus choquante qu'elle serait le fait d'un Prince, qui dispose pour tenir ses promesses de bien plus de moyens que n'en dispose le particulier, avec bien moins de risques de châtiment s'il ne les tenait pas. De là la profondeur de la maxime selon laquelle « l'exactitude est la politesse des rois » : la suprême vertu de celui qui pourrait se mettre au dessus des lois est justement de ne pas s'y mettre, et d'être ponctuel à un rendez-vous qu'il aurait donné.

La tension est donc palpable entre les deux affirmations successives de Descartes : la première selon laquelle, dans certains cas, le Prince peut être « dispensé » de tenir parole ; la seconde, selon laquelle le Prince « doit user de beaucoup circonspection avant que de promettre, afin de pouvoir toujours garder sa foi ». Si en effet un Prince ne promettait « qu'avec

---

1. À Élisabeth, septembre 1646 ; AT IV 488 22 – 489 1.
2. Voir *supra*, chap. I, p. 25-29, et p. 29, n. 1.

beaucoup de circonspection », il pourrait toujours « garder
sa foi », c'est-à-dire tenir sa parole. Et par conséquent il ne
serait jamais légitimé à se « dispenser » de sa promesse. La
dualité de l'approche cartésienne est ici patente : le « refus des
promesses » est légitimé au fond par l'idée de « tenir ses
promesses », c'est-à-dire les rares promesses que l'on fera. Ou
encore : la dévalorisation des promesses (D1) repose au fond
sur leur valorisation (D2). Ou encore : la défiance envers les
promesses provient de la certitude de leur valeur sacrée. Pour
sortir d'un tel piège, il faudrait pouvoir distinguer entre les
fausses ou mauvaises promesses (celles des charlatans, des
alchimistes, des astrologues, ou des Princes lorsqu'elles sont
faites « sans beaucoup de circonspection »), et les vraies ou
bonnes promesses, ou résolutions, faites librement et en connaissance de cause. Mais c'est toute la difficulté. Un philosophe
peut toujours « se promettre » de faire un telle distinction (tout
comme de distinguer entre une « bonne » et une « mauvaise »
imitation, un « bon » et un « mauvais » infini, etc.). Pour autant,
et pour un certain nombre de raisons que nous allons maintenant développer, cette promesse faite à soi-même de distinguer
entre les bonnes et les mauvaises promesses ne pourra pas
être tenue par Descartes, ici pas plus qu'ailleurs, quel que soit
le côté absolument crucial de cette distinction, puisqu'elle
engage la définition même de son entreprise philosophique. En
attendant, on ne s'étonnera donc pas de voir Descartes osciller
sur cette question, pour en revenir finalement, à la fin de la
lettre, à une position intransigeante sur la constance du Prince
(D2) :

> Et enfin, qu'il soit immuable et inflexible, non pas aux premiers
> desseins qu'il aura formé en soi-même, car d'autant qu'il ne
> peut avoir l'œil partout, il est nécessaire qu'il demande conseil,
> et entende les raisons de plusieurs, avant que de se résoudre ;

mais qu'il soit inflexible touchant les choses qu'il aura
témoignées avoir résolues, **encore même qu'elles lui fussent
nuisibles**; car malaisément le peuvent-elles être tant que serait
la réputation d'être léger et variable [1].

(D1-D2) Indifférence et libre-arbitre

Ce «Prince» cartésien ressemble trait pour trait à notre
voyageur égaré, pourvu de libre arbitre et d'une volonté
infinie. Et de toute évidence, la dualité de la position cartésienne tient à la dualité intrinsèque, à laquelle il n'a jamais
voulu renoncer, de la notion de libre arbitre, comme on le voit
dans la lettre au Père Mesland du 9 février 1645. D'un côté,
le libre arbitre est une faculté qui conduit à «l'irrésolution»,
puisque nous pouvons aussi bien ne pas faire toute chose qu'il
nous est possible de faire. En ce sens, le libre arbitre serait
l'apanage des «esprits faibles» et irrésolus, qui sont à chaque
instant touchés par le vertige de la non-action. C'est pourquoi
Descartes avait d'abord caractérisé l'«indifférence» comme
«le plus bas degré de la liberté», et le répète dans cette lettre :

> Quant au libre arbitre, je suis entièrement d'accord avec ce
> qu'en a écrit le Révérend Père. Et, pour exposer plus complè-
> tement mon opinion, je voudrais noter à ce sujet que l'indiffé-
> rence me semble signifier proprement l'état dans lequel se
> trouve la volonté lorsqu'elle n'est pas poussée d'un côté plutôt
> que de l'autre par la perception du vrai ou du bien; *et c'est en ce
> sens que je l'ai prise lorsque j'ai écrit que le plus bas degré de
> la liberté est celui où nous nous déterminons aux choses pour
> lesquelles nous sommes indifférents* [2].

---

1. À Élisabeth, septembre 1646; AT IV 488 22–489 1.
2. AT IV 173 1-7 : «*cum scripsi infimum esse gradum libertatis, quo nos
ad ea, ad quae sumus indifferentes, determinemus*», trad. Alquié, dans *Œuvres*

Évidemment, le coût théorique d'une telle doctrine ne pouvait manquer d'apparaître exorbitant à Descartes lui-même, puisqu'elle l'obligeait non seulement à admettre deux définitions contradictoires de la liberté (l'une, selon laquelle ma liberté serait «si grande» «que c'est elle principalement qui me fait connaître que je porte l'image et la ressemblance de Dieu»[1]; et l'autre, selon laquelle cette même liberté aurait un «plus bas degré»)[2]; mais à admettre en outre une équivocité complète de la notion «d'indifférence» selon qu'on l'attribuait à l'homme ou à Dieu, comme Descartes l'assumait d'ailleurs impavidement dans les *Réponses aux 6es Objections*:

> Quant à la liberté du franc arbitre, il est certain que celle qui se retrouve en Dieu est bien différente de celle qui est en nous, d'autant qu'il répugne que la volonté de Dieu n'ait pas été de toute éternité indifférente à toutes les choses qui ont été faites ou qui se feront jamais […]. Et ainsi une entière indifférence en Dieu est une preuve très grande de sa toute-puissance. Mais il

---

Philosophiques, op. cit., III, p. 551. Descartes écrivait en effet, dans la quatrième Méditation : « De façon que cette indifférence que je sens, lorsque je ne suis point emporté vers un côté plutôt que vers un autre par le poids d'aucune raison, est le plus bas degré de la liberté, et fait plutôt paraître un défaut dans la connaissance, qu'une perfection dans la volonté; car si je connaissais toujours clairement ce qui est vrai et ce qui est bon, je ne serais jamais en peine de délibérer quel jugement et quel choix je devrais faire; et ainsi je serais entièrement libre, sans être jamais indifférent » (AT IX-1 46).

1. Descartes, 4e Méditation, AT IX-1 45.

2. Alquié ose même « avouer qu'une telle conception de la liberté [sc. la conception selon laquelle notre liberté pourrait avoir un "plus bas degré"] *nous éloigne fort* de celle qu'exposait Descartes quelques lignes plus haut, en assimilant notre liberté à la liberté divine » (*Œuvres philosophiques, op. cit.*, II, p. 462, n. 1, je souligne). Pour aller jusqu'au plus profond de toutes les difficultés de la théorie cartésienne de la liberté d'indifférence, on se référera à D. Kambouchner, *L'homme des passions, op. cit.*, II, p. 34-87.

n'en est pas ainsi de l'homme […]. *Et ainsi l'indifférence qui convient à la liberté de l'homme est fort différente de celle qui convient à la liberté de Dieu*[1].

Mais comment soutenir au long terme une théorie dans laquelle la liberté et l'indifférence auraient chacune deux sens distincts, voire opposés[2]? On ne s'étonne donc pas de voir Descartes reconnaître une valeur positive à l'« indifférence », et laisser de côté l'idée d'une liaison de l'indifférence avec un « bas degré » de liberté :

> Mais peut-être que par ce mot *d'indifférence*, il y en a d'autres qui entendent *cette faculté positive* que nous avons de nous déterminer à l'un ou à l'autre de deux contraires c'est-à-dire à poursuivre ou à fuir, à affirmer ou à nier une même chose. Sur quoi j'ai à dire que je n'ai jamais nié que cette faculté positive se trouvât en la volonté ; tant s'en faut, j'estime qu'elle s'y rencontre, non seulement toutes les fois qu'elle se détermine

1. AT IX 232-233 [je souligne] ; original latin : « *Atque ita longe alia indifferentia humanae libertati convenit quam divinae* » (AT VII 433 2-3).

2. Évoquant « le reproche adressé à Descartes d'avoir soutenu à cet égard des doctrines contradictoires ou d'avoir évolué », Gueroult répond (*Descartes selon l'ordre des raisons, op. cit.*, I, p. 327) : « En réalité, il ne s'est pas contredit, et il n'a pas non plus évolué. *Il a distingué deux indifférences*, l'une due à la faiblesse de notre entendement, l'autre au pouvoir positif qui constitue essentiellement ma liberté » (je souligne). Mais qu'on la baptise « distinction » plutôt que « contradiction » ou « évolution », cette équivocité de l'indifférence reste le nœud de la difficulté. On attend en vain le critère qui permettrait de distinguer une « indifférence » provenant de notre défaut de connaissance d'une autre « indifférence » provenant de notre libre arbitre entendu comme « faculté positive ». Ce deuxième cas supposerait qu'il arrive qu'on fasse des choix en toute « connaissance » de cause : en a-t-on un seul exemple à proposer (chez l'homme s'entend, à moins qu'on prétende entrer au Conseil de la divinité) ? En réalité toute « indifférence » humaine, dans un cadre cartésien, mélange indissolublement l'ignorance et la liberté. Dans un cadre spinoziste, l'ignorance suffirait.

à ces sortes d'actions, où elle n'est point emportée par le poids d'aucune raison vers un côté plutôt que vers un autre ; mais même qu'elle se trouve mêlée dans toutes les autres actions, en sorte qu'elle ne se détermine jamais qu'elle ne la mette en usage ; jusque là que, lors même qu'une raison fort évidente nous porte à une chose, quoi que, *moralement* parlant, il soit difficile que nous puissions faire le contraire ; parlant néanmoins *absolument*, nous le pouvons : car il nous est toujours libre de nous empêcher de poursuivre un bien qui nous est clairement connu, ou d'admettre une vérité évidente, pourvu seulement que nous pensions que c'est un bien de témoigner par là la liberté de notre franc arbitre [1].

Finalement, il n'y a pas « deux » libertés chez Descartes (il n'a d'ailleurs jamais dit une chose pareille), dont l'une (comme « plus bas degré » de la liberté) conduirait à l'indifférence et à l'irrésolution, et ferait que certains « esprits faibles » ne tiendraient pas toujours leurs promesses ; tandis que l'autre, « faculté positive » et infinie, nous rendant en quelque manière semblables à Dieu [2], nous permettrait de poursuivre de manière inflexible et constante une décision une fois prise. Dans les deux cas en réalité, une seule et même liberté est à l'œuvre, et nous conduit aussi bien à la plus extrême irrésolution, qu'aux résolutions les plus fermes et les plus entières. S'il y avait deux libertés en effet, on n'aurait d'abord aucun critère fiable

---

1. À Mersenne, 27 mai 1641 (date incertaine), version française de Clerselier ; AT III 379 3-25 (les italiques sont en AT).

2. Voir, entre autres textes, l'art. 152 des *Passions de l'âme* (« Pour quelle cause on peut s'estimer ») : « il n'y a que les seules actions qui dépendent de ce libre arbitre pour lesquelles nous puissions avec raison être loués ou blâmés, *et il nous rend en quelque façon semblables à Dieu* en nous faisant maîtres de nous-mêmes, pourvu que nous ne perdions point par lâcheté les droits qu'il nous donne » [je souligne].

pour déterminer où commence l'une et ou s'arrête l'autre, ni lesquelles de nos actions sont faites par l'une, et les autres par l'autre, ni si l'on doit aller jusqu'à envisager une collaboration, ou un conflit, de ces deux libertés, dans nos décisions. Bien pire, celle qui nous permettrait de sortir d'un état d'irrésolution devrait être absurdement plus grande et plus forte encore que celle par laquelle nous prenons une décision en toute connaissance et toute certitude. Ne faut-il pas en effet une énergie, un sursaut infinis, pour échapper à l'indifférence, tandis que la pente vers ce qui est clair et distinct est aisée et facile ? Si bien qu'on en arriverait, si on admettait deux libertés, ou même deux formes distinctes de la liberté (une « basse » et une « haute »), à considérer que la plus « haute » et la plus grande des deux devrait être la liberté ignorante et non pas la liberté éclairée – ce qui bien sûr serait aux yeux de Descartes une absurdité patente, quelles que soient les difficultés qu'il rencontre à évaluer la « grandeur » de la liberté[1]. La solution la plus étroitement

1. Selon la lettre du 9 février 1645 au Père Mesland : « Une plus grande liberté consiste en effet ou bien dans une plus grande facilité de se déterminer, ou bien dans un plus grand usage de cette *puissance positive* [je souligne] que nous avons de suivre le pire, tout en voyant le meilleur <*Major enim libertas consistit vel in majori facilitate se determinandi, vel in majori usu positivae illius potestatis quam habemus, sequendi deteriora, quamvis meliora videamus*>. Si nous suivons le parti où nous voyons le plus de bien, nous nous déterminons plus facilement ; mais si nous suivons le parti contraire, nous usons davantage de cette puissance positive. Et ainsi, nous pouvons toujours agir plus librement dans les choses où nous voyons plus de bien que de mal, que dans les choses appelées par nous *adiaphora*, ou *indifférentes* » (texte latin en AT IV 174 8-18). En effet : si nous agissons selon le « bien » que nous voyons, notre liberté est « grande » en ce qu'elle « se détermine facilement » ; et si inversement, voyant ce « bien », nous décidons cependant d'agir « mal », notre liberté est « grande » en ce qu'elle manifeste plus de « puissance positive ». Il faut plus d'énergie, en quelque sorte, pour faire le mal lorsqu'on voit le bien, que pour faire le mal

ajustée aux contraintes du cadre cartésien suppose donc que l'on renonce à tout « degré » dans la liberté, et que l'on reconnaisse que l'infinité de la liberté, paradoxalement, est à la base des promesses non tenues comme des promesses tenues, des irrésolutions comme des résolutions – en un mot, que la même liberté qui seule peut nous sortir de l'irrésolution est en même temps ce qui nous y plonge [1].

DEUS NON EST FALLAX

(D2) La promesse du monde

Le Dieu de Descartes n'est sans doute pas caractérisé d'abord comme « Promesse » [2], puisque Descartes s'intéresse à

---

lorsqu'on ne voit ni mal ni bien. Descartes soutient donc que la « grandeur » de la liberté se mesure tantôt en ce qu'elle ne fait presque aucun effort, tantôt en ce qu'elle fait un grand effort.

1. C'est pourquoi la formule par laquelle Descartes caractérisait les « esprits faibles » (« je vois le meilleur et je l'approuve, et je fais le pire », cf. *supra*, chap. II, p. 46-54, p. 48, n. 1) est rapportée, dans la lettre du 9 février 1645 au Père Mesland (voir le passage en latin dans la note précédente), à une « puissance positive » qui se retrouve dans toute résolution. La devise des esprits libres sera donc exactement celle des esprits faibles.

2. Voir *Actes des Apôtres*, Prologue, 4 : « Au cours d'un repas avec eux, il leur commanda de ne pas quitter Jérusalem, mais d'y attendre la **promesse** du Père <*promissionem patris*>, celle, dit-il, que vous avez entendue de ma bouche » ; 2, 29-30 : « Frères, il est permis de vous le dire en toute liberté : le patriarche David est mort, il a été enseveli, son tombeau se trouve encore aujourd'hui chez nous. Mais il était prophète et savait que Dieu lui avait **juré par serment** <*et sciret quia jurejurando jurasset illi Deus*> de faire asseoir sur son trône quelqu'un de sa descendance, issu de ses reins » ; 2, 33 : « exalté par la droite de Dieu, il [sc. Le Christ] a reçu du Père l'Esprit Saint, objet de la **promesse** <*et promissione Spiritus Sancti accepta a Patre effudit*> » ; 2, 39 : « Car c'est à vous qu'est destinée la **promesse** <*vobis enim est repromissio*>, et à vos enfants

son existence, à sa toute puissance, mais laisse de côté soigneusement, à l'attention des seuls théologiens, tout ce qui concerne sa « parole ». Cependant, nous l'avons vu, il peut y avoir des promesses sans paroles dans l'amitié : pourquoi pas dans l'amour ? À vrai dire, parmi tous les comportements possibles, des êtres animés comme des êtres inanimés, avec ou sans amour, nous croyons par défaut aux comportements constants, comme si toute chose, de la plus petite à la plus grande, de la plus simple à la plus complexe, nous adressait une sorte de promesse muette de continuer à être ce qu'elle est. Sinon, en effet, nous serions directement plongés dans le chaos.

D'ailleurs, il suffit de décrire le monde au futur pour faire, presque inévitablement, une « promesse ». La phrase « les premiers seront les derniers » pourrait être considérée comme une « description » du monde dans le futur, et donc comme une constatation, susceptible d'être « vraie » ou « fausse ». Mais en réalité (c'est un problème traditionnel, que rencontre déjà Aristote dans le traité *De l'interprétation*[1]) les phrases au futur ne sont ni vraies ni fausses, pour la bonne raison que la réalité qui devrait les infirmer ou les confirmer n'existe pas encore.

ainsi qu'à tous ceux qui sont au loin, aussi nombreux que le Seigneur notre Dieu les appellera » ; 7, 5 : « Dieu ne donna à Abraham aucune propriété dans ce pays, pas même de quoi poser le pied, mais il **promit** de lui en donner la possession <*et repromisit dare illi eam in possessionem*> ainsi qu'à sa descendance après lui, bien qu'Abraham n'eût pas d'enfants » ; 7, 17 : « Comme approchait le temps où devait s'accomplir la **promesse** que Dieu avait faite solennellement à Abraham <*tempus repromissionis quam confessus erat Deus Abrahae*>, le peuple s'accrut et se multiplia en Égypte ». Relevé exhaustif pour les *Actes des Apôtres*. Voir aussi *Épître aux Hébreux* 6, 13 *sq.* Sauf erreur, il n'y a pas de mention explicite de « promesse » divine dans les Évangiles.

1. *De Interpretatione*, chap. 9 ; c'est le fameux exemple de la « bataille navale ».

De ce fait, les descriptions au futur ont presque inévitablement la valeur performative d'une promesse. Si je dis : « je passerai te voir cet après-midi », je ne *décris* pas une situation future, je *promets* de passer. Les phrases « je serai un jour Président de la République », « je serai pilote d'avion », « je ferai le tour du monde », généralement prononcées par des enfants, valent pour un projet, une ambition, un rêve, et en même temps un engagement, un défi, une promesse qu'on se fait à soi-même et dont on prend les autres à témoin ; « je prendrai mes médicaments » est une promesse. Il n'y a donc pas besoin, littéralement, de « faire des promesses » pour que des promesses soient faites : généralement, une simple évocation du futur, ou au futur, suffit. La simple providence supplée à la promesse, raison pour laquelle Dieu et la Religion sont nécessairement des instances dispensatrices de « promesses », comme Descartes l'admet explicitement dans une lettre à Pollot de janvier 1641 :

> il n'y a aucune raison ou religion, qui fasse craindre du mal, après cette vie, à ceux qui ont vécu en gens d'honneur, mais qu'au contraire l'une et l'autre **leur promet des joies et des récompenses** [1].

La proximité conceptuelle entre les notions plutôt physiques de « constance » ou de « permanence », et les notions plus morales de « fidélité » ou de « persévérance », donne ainsi à concevoir une sorte de promesse du monde, qui permet à Descartes de déterminer son Dieu, bien qu'il ne parle pas, comme celui qui n'est pas « fallacieux » (*Deus non est fallax*), c'est-à-dire comme celui qui ne ment pas, ne trompe pas, et

---

1. À Pollot, mi-janvier 41 ; AT III 279 27-31.

tient ainsi, à sa manière, sa parole sous la forme de la constance des choses [1]. Descartes écrit ainsi à Golius, en mai 1640 :

> À dire vrai la science est une persuasion qui, venant de la raison, est si forte, qu'elle ne peut être détruite par aucune autre qui soit plus forte ; et ceux qui ne connaissent pas Dieu ne la possèdent en aucune manière. En revanche, celui qui a une fois compris les raisons qui persuadent que Dieu existe et qu'il n'est pas trompeur, même s'il n'y fait plus attention présentement, pourvu seulement qu'il se souvienne de la conclusion « *Dieu n'est pas trompeur* », il restera en lui non seulement une persuasion, mais une véritable science tant de cela que de toutes les autres conclusions dont il se souviendra d'avoir jadis perçu les raisons [2].

---

1. Voir la lettre à Élisabeth du 6 octobre 1645, AT IV 315 25 – 316 14 : « Je ne crois pas aussi que, par cette providence particulière de Dieu, que Votre Altesse a dit être le fondement de la théologie, vous entendiez quelque changement qui arrive en ses décrets à l'occasion des actions qui dépendent de notre libre arbitre. *Car la théologie n'admet point de changement* ; et lorsqu'elle nous oblige à prier Dieu, ce n'est pas afin que nous lui enseignions de quoi c'est que nous avons besoin, ni afin que nous tâchions d'impétrer de lui qu'il change quelque chose en l'ordre établi de toute éternité par sa providence : l'un et l'autre seraient blâmable ; mais c'est seulement afin que nous obtenions ce qu'il a voulu de toute éternité être obtenu par nos prières. Et je crois que tous les théologiens sont d'accord en ceci, même les Arminiens, qui semblent être ceux qui défèrent le plus au libre arbitre » [je souligne].

2. Lettre du 24 mai 1640, à Golius ; AT III 65 3-15 : « *Scientia vero sit persuasio a ratione tam forti, ut nullà unquam fortiore concuti possit; qualem nullam habent qui Deum ignorant. Qui autem semel clare intellexit rationes quae persuadent Deum existere, illumque non esse fallacem, etiamsi non amplius ad illas attendat, modo tantum recordetur hujus conclusionis : **deus non est fallax**, remanebit in eo non tantum persuasio, sed vera scientia tum hujus, tum etiam aliarum omnium conclusionum quarum se rationes clare aliquando percepisse recordabitur* » [je traduis].

On remarque dans ce passage le lien établi par Descartes entre la droiture divine et la permanence de la science, ou connaissance, qui en découle. Celui qui a atteint à la vraie science, c'est-à-dire à la science fondée en Dieu, *n'en changera plus*. Il aura atteint à son tour la permanence et la fixité, il sera à l'abri du doute et de l'irrésolution, comme le voyageur égaré dans la forêt sait qu'il se sauvera par le respect d'une résolution tenue en dépit de tout.

(D1) Et pourtant, l'action divine, tout comme les résolutions des Princes, ou des simples sujets, n'est constante que de façon seconde. Descartes prend bien soin, dans les célèbres lettres au Père Mersenne d'avril-mai 1630, de distinguer son Dieu de ceux des anciens, soumis aux destinées :

> C'est en effet parler de Dieu comme d'un Jupiter ou Saturne, et l'assujettir au Styx et aux Destinées, que de dire que ces vérités [il s'agit des vérités mathématiques] sont indépendantes de lui. Ne craignez point, je vous prie, d'assurer et de publier partout que *c'est Dieu qui a établi ces lois en la nature, ainsi qu'un roi établit des lois en son royaume* [1].

Et donc Dieu

> a été aussi libre de faire qu'il ne fût pas vrai que toutes les lignes tirées du centre à la circonférence fussent égales, comme de ne pas créer le Monde [2].

(D1-D2) « Création des vérités éternelles » et « création continuée »

Ainsi le Dieu de Descartes ne peut être soumis à rien *a priori*, pas même à la raison. Tel est le sens de la théorie si

---

1. À Mersenne, 15 avril 1630 ; AT I 145 10-16.
2. À Mersenne, 27 mai 1630 ; AT I 152 20-23.

surprenante de la « création des vérités éternelles » : Dieu
aurait pu établir d'autres vérités, il n'était nullement obligé
d'établir celles que nous connaissons. Sa constance n'était
donc pas obligatoire, ou nécessaire, car rien en lui n'est nécessaire. Personne ne pouvait le forcer à tenir les promesses que
tient pour nous, sans cesse, la nature :

> On vous dira que si Dieu avait établi ces vérités, **il les pourrait
> changer, comme un roi fait ses lois** ; à quoi il faut répondre
> que oui, si sa volonté peut changer. – Mais je les comprends
> comme éternelles et immuables. – Et moi je juge le même de
> Dieu. – Mais sa volonté est libre. – Oui, mais sa puissance est
> incompréhensible ; et généralement nous pouvons bien assurer
> que Dieu peut faire tout ce que nous pouvons comprendre,
> mais non pas qu'il ne peut faire ce que nous ne pouvons
> pas comprendre ; car ce serait témérité de penser que notre
> imagination a autant d'étendue que sa puissance [1].

Dire que Dieu a « créé les vérités éternelles », c'est
finalement dire que Dieu est double, qu'il a une face libre et
inconstante : celle par laquelle il a « créé » ou « décidé », alors
qu'il pouvait *ne pas* le faire ; et une face nécessaire et constante :
celle par laquelle il a « persévéré » dans sa décision originelle.

Cette liaison intime de la liberté *de ne pas*, et de la persévérance la plus infaillible et la plus stricte, se retrouve dans une
autre des plus célèbres créations conceptuelles cartésiennes.
La « création continuée » [2] répond en effet, dans le domaine

1. À Mersenne, 15 avril 1630 ; AT I 145 28 – 146 10.
2. Voir *Troisième Méditation*, trad. fr. AT IX-1 39, § 1 : « Car tout le temps
de ma vie peut être divisé en une infinité de parties, chacune desquelles ne
dépend en aucune façon des autres ; et ainsi, de ce qu'un peu auparavant j'ai été,
il ne s'ensuit pas que je doive maintenant être, si ce n'est qu'en ce moment
quelque cause me produise et me crée, pour ainsi dire, derechef, c'est-à-dire me

physique, à ce que la « création des vérités éternelles » posait dans le domaine des concepts. Dans un cas comme dans l'autre, Descartes souligne à quel point les idées comme les choses manquent en elles-mêmes de constance comme de consistance, à quel point leur nécessité est contingente (sans disparaître pour autant). De là, on l'a souvent souligné, l'aspect « dépressif » de l'univers cartésien[1] : ni le sujet, ni les objets, ne possèdent en eux-mêmes la moindre garantie de permanence, de durée, de continuité. Sans Dieu pour les *soutenir*, ils ne pourraient pas *tenir* un seul instant. C'est dire que, comme chez le voyageur perdu dans la forêt, et comme chez les Princes et les Rois, la face constante de Dieu (le fait que la nature tienne toujours ses promesses sous la forme de la constance de ses lois), même si elle est la plus visible et la plus valorisée, est toujours subordonnée à la face inconstante, dont elle dépend et à laquelle elle succède, si incompréhensible soit cette « succession » dans l'éternité.

---

conserve » (texte latin en AT VII 48 28 – 49 5 : « *ex eo quod paulo ante fuerim, non sequitur me nunc debere esse, nisi aliqua causa me quasi rursus creet ad hoc momentum, hoc est me conservet* »).

1. C'est la thèse bien connue de Alquié, pour qui l'attitude de Descartes devant le monde est d'abord la « déception » (*La découverte métaphysique de l'homme chez Descartes*, *op. cit.*, chap. 1).

CHAPITRE IV

ABJURER, DÉSAVOUER,
OU PERSISTER ET SIGNER ?

Publier un livre ne peut se faire sans établir quelque contrat. Tout particulièrement, un livre de philosophie enveloppe par défaut les contrats de « chercher la vérité », de « rectifier certains préjugés », de « procéder rationnellement », etc. Et en outre, un livre, même de philosophie, est signé par son auteur, qui en assume la responsabilité. Il fait à son lecteur, explicitement ou implicitement, un certain nombre de promesses. Ce sera à lui de défendre ses idées, ses thèses, ses démonstrations, dans des discussions, contre des objections qu'on pourra leur faire, etc. Si nos hypothèses sur les rapports entre Descartes et les promesses sont correctes, nous devrions donc trouver, chez Descartes, deux attitudes opposées en ce qui concerne la position et les responsabilités d'auteur : d'un côté (D1), de même qu'il ne voulait s'engager par aucune promesse, il devrait refuser cette position d'auteur, qui est nécessairement une position de distributeur de promesses. De l'autre (D2), de même qu'une fois ses décisions prises il entend les suivre résolument, il devrait assumer totalement, voire jusqu'à l'obstination, cette même position d'auteur. Et en effet, comme nous allons essayer de le montrer maintenant, c'est bien ce qui se passe.

(D1) Désavouer, renoncer, abjurer

Dans sa jeunesse, de façon assez étonnante pour nous, Descartes semble n'attacher aucune importance à ce qu'il écrit, et se déclare même prêt, dans une lettre à Mersenne de 1630, à « désavouer » l'ouvrage qu'il a en préparation (le traité du *Monde*) :

> Cela ne m'empêche pas d'achever le petit traité que j'ai commencé, mais je ne désire pas qu'on le sache, **afin d'avoir toujours la liberté de le désavouer** [1].

Une telle déclaration est étonnante à plus d'un titre. Car, d'une part, nous aurions spontanément tendance à penser qu'un livre qu'on a écrit est quelque chose à quoi l'on doit tenir – sauf peut-être si on le trouve très mauvais, mais ça ne semble pas être le cas de Descartes ici. On ne comprend donc pas pourquoi, et au nom de quoi, il peut si facilement envisager de « désavouer » un livre de réflexions et d'hypothèses rationnelles. D'autre part, en homme d'honneur, et en aristocrate, Descartes ne devrait-il pas assumer tout ce qu'il a fait, y compris les textes qu'il a écrits ? On n'imagine pas Descartes « désavouer » un ami (comme Pierre renia le Christ), ou retirer une parole qu'il aurait dite à quelqu'un, ni reculer par peur : donc pourquoi, encore une fois, semble-t-il tout prêt à « désavouer » son futur livre ?

---

1. À Mersenne, 15 avril 1630 ; AT I 136 27 – 137 2.

Cette réticence à assumer la place « d'auteur de la vérité », c'est-à-dire la place d'écrivain-philosophe, se retrouve dans un passage assez remarquable d'une lettre à Beeckman d'octobre 1630, dans lequel Descartes reproche justement à Beeckman de vouloir entamer avec lui des controverses de paternité et de généalogie à propos de certaines démonstrations mathématiques. Descartes se moque alors de la manie qu'avait Beeckman, semble-t-il, de dater précisément les textes qu'il écrivait, comme pour instaurer une sorte de « copyright de la vérité » (un peu à la manière dont Derrida s'est depuis moqué de Searle et de ses prétentions à un « copyright de la vérité », en 1990, dans *Limited Inc*) :

> Vous ne pouvez pas sérieusement vouloir qu'on croie que ne vous appartient que ce dont vous avez été le premier inventeur – ce qui fait que, dans votre manuscrit, vous marquez le temps auquel vous avez pensé chaque chose, afin peut-être que personne ne soit si impudent, que de se vouloir arroger une chose qu'il aura rêvée toute une nuit plus tard que vous. En quoi toutefois je ne juge pas que vous agissiez assez prudemment. Car que sera-ce si on doute une fois de la fidélité de ce manuscrit ? Ne serait-il pas plus sûr d'en avoir des témoins, ou d'en certifier la vérité par des actes publics et authentiques ?[1].

Les reproches que fait ici Descartes à Beeckman sont nombreux et complexes : il est ridicule, maniaque, obsessionnel, vaniteux, et illogique. Mais tout cela enveloppe une critique générale de la position d'origine, ou d'auteur, et tous

---

1. À Beeckman, 17 octobre 1630 ; trad. Alquié I 276, ici modifiée au début ; texte latin en AT I 160 6-14 : « *quid enim si de istius manuscripti fide dubitatur ? nunquid tutius esset testes adhibere vel tabulis publicis confirmare ?* ». Cette lettre du 17 octobre 1630 développe un traité systématique de la propriété intellectuelle.

les devoirs de responsabilité paternelle qui lui sont liés, que Descartes, en 1630, n'est visiblement pas prêt à assumer.

Le possible « désaveu » du traité du *Monde*, à vrai dire, se concentre sur la question du nom et donc de la signature. Descartes ne déclare pas vouloir désavouer le contenu de l'ouvrage, mais plutôt se réserver la possibilité ne pas reconnaître en être l'auteur – un peu comme un père qui ne « reconnaîtrait pas » son enfant, sans pour autant, évidemment, vouloir le tuer ou le supprimer.

Quelques années plus tard, un certain nombre de passages de la correspondance montrent un Descartes toujours réticent à l'idée de signer le premier de ses ouvrages à paraître, à savoir le *Discours de la méthode* :

> Au reste, je n'y veux point mettre mon nom, suivant mon ancienne résolution [1].

– et en effet Descartes a publié le *Discours* sans nom d'auteur, suivant une fois de plus une « résolution » de *ne pas*.

La même résolution « de ne pas » mettre son nom sur la première page d'un livre se retrouve dans une lettre de mars 1637, cette fois-ci à propos de l'impression du *Discours* :

> Car, quoi que je fasse, je ne m'en *cacherai* point comme d'un crime, mais seulement pour éviter le bruit, et me retenir la même liberté que j'ai eue jusqu'ici ; de sorte que je ne craindrai pas tant si quelques-uns savent mon nom ; mais maintenant je suis bien aise qu'on ne parle point du tout, afin que le monde n'attende rien, et que ce que je ferai ne soit pas moindre que ce qu'on aurait attendu [2].

1. À Mersenne, mars 1636 ; AT I 340 14-16.
2. À Mersenne, mars 1637 ; AT I 351 17-25.

On la trouve encore dans une lettre à Balzac, qui accompagne un exemplaire du *Discours* enfin paru :

> car d'autant que je ne lui ai point fait porter mon nom, je pense le pouvoir encore **désavouer** s'il le mérite [1].

On a là une déclaration plus qu'étrange. En effet, le livre est paru, Descartes l'envoie avec une lettre signée de sa main à Balzac, et dans cette lettre, qui ne laisse aucunement ignorer qu'il est l'auteur du *Discours*, Descartes continue, comme on voit, à prétendre « pouvoir encore désavouer » son livre, ce qui n'a, alors, plus aucune signification, ni même aucune plausibilité, puisque, outre Balzac, tout le public cultivé savait parfaitement que Descartes était l'auteur du *Discours*, ce qui rendait illusoire tout « désaveu ». Et néanmoins, on ne peut nier que Descartes continue à tenir ce discours de désaveu [2].

Pour expliquer cette première attitude, qui s'accorde assez bien avec le refus des promesses exprimé dans la troisième partie du *Discours de la méthode*, on peut évoquer un certain nombre d'hypothèses. D'une part, on signait moins ses livres au XVIIe siècle que de nos jours. En ce sens, les réticences de Descartes à signer son premier ouvrage (réticences que nous pourrions interpréter comme des coquetteries) correspondaient simplement à la pratique de son époque et de son milieu social (un peu comme mettre un petit masque, un « loup », pour aller danser *larvatus*). D'autre part, nous n'avons aucune raison de minorer ou de sous-estimer la très réelle inquiétude

---

1. À Balzac, 14 juin 1637 ; AT I 381 11-13.
2. Voir également AT I 387 16-21, à Huygens, 14 juin 1637 : Descartes y revient sur la question du nom d'auteur, qui n'apparaît sans doute pas sur le *Discours* à proprement dit, mais bel et bien dans le « privilège du roi », ce qui fait qu'il n'est plus inconnu.

de Descartes devant les persécutions dont les auteurs de son temps pouvaient être l'objet. Pour la plus grande gloire de Dieu, Bruno avait été brûlé vif en 1600 à Rome, et Vanini en 1619 à Toulouse, après d'atroces et ignominieuses tortures publiques. Descartes évoquera ce crime effrayant au plus fort de la « Querelle d'Utrecht »[1], dans sa requête en latin à l'ambassadeur M. de la Thuillerie, du 22 janvier 1644, illustrant une réflexion générale sur les dangers des « rumeurs »[2] par l'exemple de Vanini[3] « brûlé vif à Toulouse » (*qui Tholosae combustus est*) sous prétexte d'« enseigner secrètement l'athéisme » (*occulte docere atheismum*), accusation dont Descartes était alors précisément victime. La référence à Vanini revient sous sa plume un peu plus loin, dans la même requête, à propos du livre de Martin Schoock disciple de Voetius, qui, écrit Descartes,

> faisant semblant de combattre mes opinions en matière de philosophie, ne les atteignait guère, mais dirigeait en réalité la totalité de son très long écrit de sorte à m'imputer de ces crimes

1. Pour reprendre le titre du beau livre de Theo Verbeek (*La Querelle d'Utrecht. René Descartes et Martin Schoock*, textes établis, traduits et annotés par Theo Verbeek, Paris, Les impressions nouvelles, 1988).

2. Requête à l'ambassadeur M. de la Thuillerie, 22 janvier 44, AT IV 86-87 : « Je sais avec quelle facilité se développent les rumeurs *<novi quam facile invalescant rumores>*, si éloignées soient-elles de toute vérité ou même de toute vraisemblance, lorsqu'elles sont attisées par les théologiens et par ceux qui affectent une piété hors du commun, et lorsqu'on la modération n'y fait pas obstacle. Je sais comment jadis à Rome, les tribuns, se réunissant à la plèbe, abattirent les plus innocents et les plus remarquables des hommes, bien que cette ville fût alors la plus grande du monde, et qu'on y trouvât en très grand nombre des hommes intègres, prudents et savants, comme je sais qu'on en trouve beaucoup aussi à Utrecht » [je traduis].

3. AT IV 86 8-9.

dont l'indignité n'est généralement expiée que par le gibet, par la roue, et par le feu, et affirmait avec éloquence que, comme un autre Vanini, brûlé vif à Toulouse, j'enseignerais l'athéisme de façon à la fois frauduleuse et très occulte [1].

En 1637, la condamnation de Galilée à « désavouer », voire à « abjurer » ses thèses n'était pas si ancienne [2]. Descartes avait donc toutes les raisons de penser que sa tranquillité pouvait être dérangée par la publication de livres sous son nom [3]. Et de fait, l'histoire a confirmé ces inquiétudes, puisque par deux fois, en Hollande, Descartes a été l'objet de quasi-persécutions (les affaires d'Utrecht et de Leyde), dont il n'a pu se délivrer que par l'intervention des ambassadeurs de France et des Princes de la maison d'Orange [4].

1. AT IV 89 14-21 : « *et diserte affirmabat me hic, tanquam alterum Vaninum, Tholosae combustum, subdole et admodum occulte atheismum docere* » [je traduis].

2. Fin de l'abjuration (*abjuratio*) de Galilée : « Moi, Galileo Galilei susdit, j'ai abjuré, juré, promis, et me suis obligé comme ci-dessus ; en foi de quoi, de ma propre main j'ai souscrit le présent chirographe de mon abjuration et l'ai récité mot à mot à Rome, dans le couvent de Minerve, ce 22 juin 1633 <*Ego, Galileus Galilei, supradictus abjuravi, juravi, promisi, et me obligavi ut supra, & in horum fidem mea propria manu subscripsi praesenti chirographo meae abjurationis, et recitavi de verbo ad verbum*> ». Le vertige de l'indexicalité est ici présent et présenté de façon particulièrement inquiète. On notera le glissement de tous les termes autour de celui de « promesse » (*promisi*).

3. Comme il le déclare explicitement à Mersenne dans sa lettre du 15 avril 1630 : « Je crains plus la réputation que je ne la désire, estimant qu'elle diminue toujours en quelque façon la liberté et le loisir de ceux qui l'acquièrent, lesquelles deux choses je possède si parfaitement, et les estime de telle sorte, qu'il n'y a point de monarque au monde qui fût assez riche pour les acheter de moi » (AT I 136 21-27).

4. En octobre 1643 (à Van Surk ?) Descartes exprimait sa peur qu'on saisisse ses papiers, et qu'on « brûle cette malheureuse philosophie » qui est la

Enfin, Descartes ne montre pas beaucoup d'estime pour le métier d'auteur, et pour l'activité qui consiste à écrire des livres. Il s'en explique assez en détail dans la lettre à Mersenne dans laquelle, nous l'avons vu, il se disait tout prêt à « désavouer » son livre à venir. D'abord, parce qu'on apprend peu de choses dans les livres, moins en tout cas que dans la vie :

> J'y travaille fort lentement, pour ce que je prends beaucoup plus de plaisir à m'instruire moi-même, que non pas à mettre par écrit le peu que je sais. J'étudie maintenant en chimie et en anatomie tout ensemble, et **j'apprends tous les jours quelque chose que je ne trouve pas dedans les livres** [1].

Pourquoi donc faire des livres ? La suite de la lettre confirme bien ce relatif mépris de l'écriture, traitée comme une corvée :

> Au reste, je passe si doucement le temps en m'instruisant moi-même, que je ne me mets jamais à écrire en mon traité que par **contrainte**, et pour m'acquitter de la résolution que j'ai prise

sienne (AT IV 31 12). Ce sont tout de même des inquiétudes profondes. On lit en effet, en AT IV 36-37, un extrait de Baillet (II 194), selon lequel, à la même époque, « on prétendait que Voetius avait déjà transigé avec le bourreau, pour faire un feu [sc. des livres de Descartes] d'une hauteur démesurée, et dont on pût faire mention dans l'histoire comme d'une chose extraordinaire ». Le 30 novembre 1643, Descartes s'inquiète de ce que, pourtant battus, ses adversaires le « font menacer qu'ils se saisiraient de certaine rente qu'ils ont su qu'[il avait] en cette province » et « veulent ainsi être les maîtres de l'honneur et des biens d'un homme qui n'est point leur sujet » (à Pollot, AT IV 54 15-20). Voir aussi la lettre à Pollot du 15 janvier 1644 : « je serai bien aise qu'on sache que mon intention n'est pas de faire aucun mal à Schoock, mais seulement de me délivrer des persécutions d'Utrecht, de la continuation desquelles je suis encore tous les jours menacé, de la part des Voetius » (AT IV 81 15-19).

1. À Mersenne, 15 avril 1630 ; AT I 137 2-8.

> qui est, si je ne meurs, de le mettre en état de vous l'envoyer au
> commencement de l'année 1633 [1].

ou comme un jeu de peu d'importance :

> Au reste, vous vous étonnerez que je prenne un si long terme
> pour écrire un discours qui sera si court, que je m'imagine
> qu'on le pourra lire en une après-dinée ; mais c'est que j'ai plus
> de soin et crois qu'il est plus important que j'apprenne ce qui
> m'est nécessaire pour la conduite de ma vie, que non pas que **je
> m'amuse à publier** le peu que j'ai appris [2].

Descartes reproduisait d'ailleurs en cela le dédain de son
propre père (Joachim) à son égard et à l'égard de la profession
d'écrivain. Selon une confidence faite par écrit à son demi-
frère (également prénommé Joachim), René était en effet le
seul de ses enfants qui, « étant assez ridicule pour se faire relier
en veau » [3], aurait donné du « mécontentement » à son père. Il

---

1. À Mersenne, 15 avril 1630 ; AT I 137 12-17.

2. À Mersenne, 15 avril 1630 ; AT I 137 19-26.

3. Déclaration transcrite au XVIIIe siècle par le marquis de Piré, d'après un
autographe de Joachim Descartes (le père de René) ; rapportée par Sigismond
Ropartz dans son ouvrage sur *La famille Descartes en Bretagne* (Rennes,
Verdier, 1877, p. 100 ; cité en AT XII 433-434). Descartes n'a jamais montré
d'affection pour son père. Et « on » lui a laissé croire jusqu'à la fin de sa vie que
sa naissance avait causé la mort de sa mère, alors qu'en fait elle était morte
quand René avait déjà plus d'un an, le 13 mai 1597, en mettant au monde un
autre fils, qui mourut trois jours plus tard. « Comment a-t-on pu lui laisser
croire », se demande avec une stupéfaction bien compréhensible Geneviève
Rodis-Lewis (*Descartes, Biographie, op. cit.*, p. 21), « qu'il avait coûté la vie à
sa mère ? » (et comment Alquié peut-il imaginer que Descartes ait connu, puis
« curieusement oublié », l'existence de ce jeune frère ? Cf. *La découverte métaphysique de l'homme chez Descartes, op. cit.*, p. 18). Descartes écrit à Élisabeth,
en mai ou juin 1645 (AT IV 220-221) : « Étant né d'une mère qui mourut peu de
jours après ma naissance d'un mal de poumon, causé par quelques déplaisirs,

faut rapporter ce genre d'attitudes, comme auparavant le refus
de signer, à une position sociale et morale aristocratique, ou
aspirant à le devenir. Faute de ce contexte, en effet, certaines
des positions de Descartes pourraient rester incompréhen-
sibles. À l'époque de Descartes, on prenait par exemple le jeu
« au sérieux », on y engageait son « honneur ». Les « dettes de
jeu » devaient être « honorées », justement, à n'importe quel
prix [1]. En revanche, on ne signait pas, ou du moins pas souvent,
les livres qu'on avait écrits, on était prêt à les « désavouer ».
Les valeurs du « sérieux » et du « non sérieux » s'inversent en
effet selon qu'on les perçoit d'un point de vue bourgeois ou
d'un point de vue aristocratique. Une dette de jeu, tout comme
l'étiquette, le fait d'être salué d'un certain titre et non pas d'un
autre, etc., sont des choses relativement futiles à nos yeux
démocratiques (comme le fait d'avoir une plume plus ou moins
grande à son chapeau, ou des rubans plus ou moins longs, etc.).
Un aristocrate, au contraire, était prêt à risquer sa vie pour ce
genre d'objets ou de causes, par exemple les paris, les défis
dangereux, ou les provocations en duel. Dom Juan, par exemple,
utilisera cyniquement à son avantage les « promesses », les
« serments », les « vœux » et les « contrats » (de mariage), mais
sera prêt à engager sa vie pour tenir certaine « parole donnée »,
s'il estime que son honneur y est en jeu [2]. Toutes ces conduites

j'avais hérité d'elle une toux sèche et une couleur pâle […] qui faisait que tous
les médecins […] me condamnaient à mourir jeune ». On sent encore chez
l'homme de 50 ans, dans l'extrême violence de la dénégation euphémistique
(« un mal de poumon, causé par *quelques déplaisirs* »), la cicatrice ineffaçable.

1. Descartes était joueur par périodes.

2. Il ne serait pas exact de dire que Dom Juan ne tient pas ses promesses,
puisqu'il est tout prêt à épouser les femmes auxquelles il a promis le mariage
(II, 2). Il y a chez lui une incontestable « sincérité » dans les sentiments (I, 3), y

avaient pour point commun de montrer qu'on ne tenait pas à la vie, et le montraient d'autant mieux qu'on la risquait pour des causes futiles, disproportionnées (pensons aux défis à la « roulette russe » des cadets du Tsar). De ce point de vue, le doute cartésien, non exempt de jeu et de défi, possèderait une dimension aristocratique, dans la disproportion qu'il installe entre les raisons de douter et la radicalité du doute, exactement comme un duel à mort pouvait être la conséquence disproportionnée d'une infime atteinte à l'étiquette[1] – et laisserait quelque chose de bourgeois aux doctrines plus soucieuses de vraisemblance, de probabilités, de proportionnalité, voire de casuistique, que n'était la sienne.

---

compris lorsqu'il déclare à Elvire qu'il n'est parti « que pour [la] *fuir* » (*ibid.*). Dom Juan dénonce vigoureusement l'hypocrisie (V, 2). Et c'est en ce sens, paradoxalement, qu'il refuse tout engagement (I, 2 : « La belle chose de vouloir se piquer d'un *faux honneur* d'être fidèle, de s'ensevelir pour toujours dans une passion, et d'être mort dès sa jeunesse à toutes les autres beautés qui nous peuvent frapper les yeux ! Non, non : la constance n'est bonne que pour les ridicules »), et qu'il méprise « le repentir » (V, 5). Résolution : ne pas prendre la résolution de ne pas... De là sa violence à l'égard des « serments » (II, 2 : « voulez-vous que je fasse des *serments* épouvantables ? » ; III, 2 : « je m'en vais te donner un Louis d'or tout à l'heure, pourvu que tu veuilles *jurer* »). En revanche, il risque sa vie pour son pire ennemi et pour « l'honneur » (III, 3), et dans cette affaire d'honneur, ne « déguisera pas son nom » et « tiendra ce qu'[il a] promis » (III, 4). De même, il dînera avec « la statue » par respect de sa « parole donnée » (V, 6). En revanche, cet « esprit fort » (III, 5) n'honore pas ses dettes envers son créancier M. Dimanche (IV, 3). La diatribe de son père (IV, 4) a précisément pour objet de lui reprocher cette déficience de vertu aristocratique, qui est plutôt en réalité, on le voit, une ambivalence à l'égard des engagements, des vœux et des promesses.

1. Voir *infra*, p. 99, n. 1.

Et de fait, comme aristocrate[1], Descartes, du moins au départ, ne met pas son honneur dans ses écrits, ni même dans le fait d'écrire. Il déclare par exemple à Mersenne, dans une lettre d'avril 1637 :

> Il semble que vous me veuillez rendre par force faiseur et vendeur de livres, ce qui n'est ni mon humeur ni ma profession[2].

Toutes ces raisons (rapport différent à la signature, inquiétudes réelles devant le sort lié à certains auteurs, dédain aristocratique pour le métier d'écrire) expliquent sans doute, chacune en son genre, le refus initial de Descartes de se laisser engager dans l'activité de philosophe écrivain. Mais on dirait encore plus justement que toutes ces raisons n'apparaissent dans leur cohérence et leur convergence qu'à la lumière du refus cartésien des promesses et des engagements de la troisième partie du *Discours de la méthode*.

---

1. Gilson, *Études sur le rôle de la pensée médiévale dans la formation du système cartésien, op. cit.*, accorde une grande importance, chez Descartes, à cette dimension aristocratique : « Plus encore que pour tout ce qu'il nous apprend sur Descartes, il faut remercier M. G. Cohen de nous avoir fait sentir, qu'avec ses faiblesses et ses imperfections humaines il n'y eut jamais d'existence *plus noble* que celle-là » (« Descartes en Hollande », compte rendu de l'ouvrage de Gustave Cohen, *Écrivains français en Hollande dans la première moitié du XVIIe siècle, op. cit.*, p. 280, derniers mots); et : « Il est bon d'écrire ainsi de Descartes, qui ne fut point un professeur, mais un *gentilhomme*, et qui engagea si cavalièrement son *honneur* dans la cause de la vérité » (« La pensée religieuse de Descartes », compte rendu de l'ouvrage de Henri Gouhier, *La pensée religieuse de Descartes*, Paris, Vrin, 1924, dernières lignes, p. 298). Je souligne dans tous les cas.

2. À Mersenne, 27 avril 1637; AT I 364 31 – 365 1.

(D2) PERSISTER ET SIGNER

Et pourtant, faire des livres fut de plus en plus « la profession » de Descartes, et, comme nous le verrons, il engagea peu à peu son honneur dans le combat pour la vérité.

D'abord, il accepte finalement de voir son nom figurer sur leur couverture, toujours par modestie et convenances. Il avait empêché qu'on mette son nom sur le *Discours de la méthode* par crainte du ridicule attaché à la vanité d'auteur. Maintenant qu'il est célèbre, il accepte qu'on mette son nom, par crainte du ridicule qui pourrait s'attacher à la fausse modestie. Il écrit en effet à Mersenne, en juin 1639 :

> Je n'ai nullement trouvé mauvais que le père Nicéron ait imprimé mon nom ; car je vois qu'il est si connu que je semblerais vouloir faire le fin à contretemps si je témoignais avoir envie de le cacher [1].

Et lorsqu'il offre à son ami un exemplaire des *Méditations*, au mois de novembre 1640, Descartes reprend la même explication :

> Mon nom est connu de tant de gens que, si je ne le voulais pas mettre ici, on croirait que j'y entendrais quelque finesse, et que je le ferais plutôt par vanité que par modestie [2].

En outre, bien loin de jamais « désavouer » le moindre des ses ouvrages, Descartes a montré tout au long de sa vie une très étonnante pugnacité à les défendre. On ne peut d'ailleurs s'empêcher, à la lecture de la correspondance comme à la lecture de l'œuvre, d'un certain sentiment de malaise. Descartes,

---

1. À Mersenne, 19 juin 1639 ; AT II 564 17-20.
2. À Mersenne, 11 novembre 1640 ; AT III 239 7-11.

d'un côté, ne cesse de demander à tous ses correspondants de lui envoyer des « objections », pour l'aider à se « corriger », à « améliorer » ses arguments, à s'instruire par la discussion et par la controverse. Et de l'autre, il se défend avec la plus extrême vigueur et souvent la plus extrême mauvaise foi contre toute critique, toute remarque, toute objection, surtout, ajouterais-je, lorsqu'elles sont fondées, pertinentes, et auraient pu faire avancer les choses (je pense notamment aux objections de Hobbes, qui touchent plusieurs points particulièrement sensibles dans le cartésianisme, et que Descartes traite avec une insolence et un mépris saisissants). Descartes maintient contre toute évidence ses thèses sur des sujets dont il n'a pas la moindre idée (ce qui se passe au centre de la Terre, la pesanteur, etc.), et rend des oracles sans hésiter sur toutes les questions, même les plus farfelues, qu'on lui adresse, comme s'il avait la science infuse[1]. Même dans ses controverses mathématiques, où l'on aurait pu s'attendre à une certaine objectivité et à la possibilité de discussions constructives, il semble faire tout pour brouiller les pistes et rendre l'échange stérile. Il envoie des solutions maquillées, incomplètes, pour

1. Descartes répond à tout type de question, même les plus saugrenues, et relève tous les défis : il « explique » par exemple comment on peut écraser une boule de plomb avec un marteau sur un coussin (à Mersenne, 29 janvier 1640 ; AT III 10 9-26 et à Mersenne, 11 mars 1640 ; AT III 33 2-3), fendre une épaule de mouton avec le dos d'un couteau en la posant sur la main (*ibid.*, 10-17 et à Mersenne, 11 juin 1640 ; AT III 74 10 sq.), pourquoi les balles de plomb transpercent les cuirasses de fer (*ibid.*, 37 16-23), comment se produit l'écho, etc. L'inquiétude quant à cette position suréminente et oraculaire ne perce que rarement, comme par exemple dans un bref passage de la lettre à Élisabeth du 18 mai 1645 où après avoir donné des avis pleins de sagesse, Descartes écrit : « Je craindrais que ce style ne fût *ridicule*, si je m'en servais en écrivant à quelqu'un d'autre » (AT IV 203 22-23) [je souligne] ; voir *infra*, p. 101, n. 2.

voir si Roberval pourra deviner ce qui manque[1]. Il profite de la moindre erreur pour déverser des sarcasmes, voire des insultes[2]. Il veut absolument ignorer le génie mathématique de Fermat, et entame aussi bien contre lui que plus tard contre Pascal des revendications de paternité et d'antériorité sur des questions mathématiques et physiques[3] : c'est-à-dire qu'il fait

1. AT V 142 24-30, à Mersenne, 4 avril 1648 : « Ma géométrie est comme elle doit être pour empêcher que le Rob. [sic !, pour Roberval] et ses semblables n'en puissent médire sans que cela tourne à leur confusion ; car ils ne sont pas capables de l'entendre, et je l'ai composée ainsi tout à dessein, en y omettant ce qui était le plus facile, et n'y mettant que les choses qui en valaient le plus la peine ».

2. Voir la lettre du 27 mai 1638, à Mersenne, à propos de toutes les polémiques qu'il a au sujet de sa géométrie, et notamment de Fermat : « Et pour en parler franchement entre nous, comme il y en a qui refusent de se battre en duel contre ceux qui ne sont pas de leur qualité, ainsi je pense avoir quelque droit de ne me pas arrêter à leur répondre » (AT II 149 6-9). Il y a dans tout cela quelque enjeu aristocratique : Descartes voit cette correspondance comme un combat, ou comme un duel, bref, comme une affaire de prestige, bien plus que comme une discussion intellectuelle. Dans la même lettre, il écrit, quelques lignes auparavant (AT II 148 3-5) qu'il n'entend pas plus se formaliser de certaines objections « que je ferais des injures que me dirait un perroquet pendu à une fenêtre pendant que je passe dans la rue ». Voir également à Mersenne, 29 juin 1638, AT II 177 10-14, à propos de Fermat : « je crois pouvoir dire, sans blasphème, qu'il fait tout de même que si, ayant été jeté à terre par quelqu'un et n'ayant pas même encore pu se relever, il se vantait d'être plus fort et plus vaillant que celui qui le tiendrait renversé ». Une seule formule élégante à l'égard de Fermat : AT II 250 6-7, 13 juillet 1638, à Mersenne : « et je serais plus marri qu'il m'eût passé en courtoisie qu'en science ».

3. Geneviève Rodis-Lewis elle-même est amenée à « regretter » cette attitude de la part de Descartes, lors d'une discussion avec Beeckman au sujet de la vitesse de la lumière en 1634 : « Beeckman, partisan de la transmission de la lumière selon une certaine vitesse, en avait discuté avec Descartes lors de sa visite [le 14 août]. Et celui-ci reprend la question en lui écrivant le 21 août. *On serait presque tenté de regretter cette lettre ultime* [je souligne] ; car tout le

ce qu'il reprochait à Beeckman de faire, au point de noter lui-même, chose rare et surprenante, à supposer qu'elle soit même possible, la date de *conception* de sa fille, tout comme, on s'en souvient, Beeckman notait dans un journal, les dates de ses *conceptions* intellectuelles [1]. Il critique injustement, en octobre 1638 les *Discours sur les deux sciences nouvelles* de Galilée [2], et là encore, semble prendre soin de ne pas remarquer ce qu'ils contiennent d'intéressant. Bref, il montre en tout cela une *obstination*, une *opiniâtreté* spectaculaires à suivre ses idées, ses thèses, dans la direction dans laquelle il les a engagées, et une surdité tout aussi spectaculaire à tout ce qu'on peut lui dire pour l'en détourner [3]. Il déclare ainsi à Mersenne, en juin 1638, à propos de Fermat :

début manifeste l'assurance de Descartes en son dogmatisme, même quand il n'a pas raison [c'est la conduite D2]. Il rappelle lui avoir dit que la lumière parvient à notre œil en un instant, et même que c'est pour lui si certain que si l'on pouvait en prouver la fausseté, il serait prêt à confesser sa totale ignorance en philosophie » (*Descartes, Biographie, op. cit.*, p. 129 ; renvoie à AT I 357-358). Cette attitude extrémiste et quelque peu dépressive se retrouvera en 1639 à propos de Harvey (voir ci-dessous, n. 3).

1. « Baillet avait pu voir une "apostille manuscrite" autographe, précisant que la petite Francine était née à Deventer le 19 juillet 1635 ; "et selon l'observation de son père, elle avait été conçue à Amsterdam, le dimanche 15 d'octobre de l'an 1634" ». Voir Rodis-Lewis, *Descartes, Biographie, op. cit.*, p. 195, qui ajoute, p. 196 : « Descartes ayant précisé que l'enfant avait été conçue un dimanche, on peut supposer une commune détente, au cours de laquelle il aurait été séduit par les charmes d'Hélène ». Comment ne pas le supposer, en effet ?

2. Voir la lettre à Mersenne du 11 octobre 1638, AT II 380 *sq.*, et les commentaires quelque peu gênés des éditeurs *ibid.*, p. 402-405.

3. Gilson, *Études sur le rôle de la pensée médiévale dans la formation du système cartésien, op. cit.*, p. 74 : « Telle sera toujours l'attitude de Descartes à l'égard de Harvey. Il s'engagera à fond pour défendre la circulation du sang et son inventeur ; il soutiendra *avec obstination* une théorie du mouvement du cœur contraire à celle de Harvey » [je souligne]. *Ibid.*, p. 81 : « cette invention

Et afin qu'il n'use plus d'aucune excuse pour ne la point envoyer [sc. sa méthode pour trouver les tangentes], vous l'assurerez, s'il vous plaît, que je maintiens toujours, comme devant, que cette tangente ni une infinité d'autres semblables ne peuvent être trouvées par sa méthode, et **qu'il ne doit pas se persuader que je change d'avis lorsque je l'aurai mieux comprise** ; car je ne crois pas la pouvoir jamais entendre mieux que je fais [1].

Sous l'apparente modestie d'une impuissance à mieux comprendre, on lit ici clairement une nouvelle et superbe « résolution », de la part de Descartes, « de *ne pas* » changer d'avis. On est difficilement plus têtu. Sauf erreur de ma part, Descartes n'a modifié *aucune* de ses idées ou de ses thèses à l'issue des innombrables discussions et objections dont elles ont été l'objet, et, pour parler un peu anglais, on peut difficilement imaginer un plus faible *output* pour un si grand *input*. À l'image du voyageur perdu dans la forêt, Descartes a continué toujours tout droit sans jamais se laisser détourner, jusqu'à prendre pour ses contemporains, plus souvent qu'on

dont Descartes était si fier et [qu'il] a pu se croire justifié à […] défendre *obstinément* contre Harvey » [je souligne]. La conclusion de Gilson (p. 98-99) nous montre de façon transparente le voyageur cartésien suivant *obstinément* son chemin : « Cette doctrine [du mouvement du cœur] à laquelle il attachait une si grande importance, qu'il présentait comme le témoin de ce que sa philosophie pouvait nous apprendre en matière de médecine, et dont il disait que si elle était fausse tout le reste de sa philosophie l'était aussi [À Mersenne, 9 février 1639, AT II 501 15-24], se trouvait vieillie et dépassée avant même d'avoir vu le jour. C'est que Descartes avait pris une fois de plus des conceptions scolastiques pour des faits et qu'il avait dépensé les forces de son génie à interpréter géométriquement et mécaniquement des données fausses ».

1. À Mersenne, 29 juin 1638 ; AT II 178 2-8.

ne le croirait, la position d'un « chef de secte »[1]. Et s'il y a là
matière à douter mélancoliquement de la fécondité des discussions philosophiques (on sait que Deleuze, par exemple, ne
croyait pas du tout qu'on puisse progresser en philosophie par
la discussion), on ne peut que saluer l'exactitude descriptive
prémonitoire de la seconde maxime de la morale par provision
du *Discours de la méthode*[2].

1. Expression de Sorbière [AT IV 59] et de Leibniz, *Philosophische
Schriften*, V 346. Voir F. Hallyn, *Descartes, Dissimulation et ironie*, Genève,
Droz, 2006, p. 200-201 (ce sont les dernières pages de la conclusion) : « Une
étrange atmosphère quasi religieuse s'établit ainsi autour de Descartes. Lui-
même ne supporte aucune dissidence. Sa parole est la seule authentique, mais
elle risque d'être faussée ; on n'a pas le droit de l'interpréter librement et c'est à
elle, à elle-seule, qu'il demande au lecteur de se référer ». C'est le cas dans la
sixième partie du *Discours* : « je suis bien aise de prier ici nos neveux de ne
croire jamais que les choses qu'on leur dira viennent de moi lorsque je ne les
aurai point moi-même divulguées » (AT VI 69 31 – 70 3). C'est également le cas
dans la *Lettre-Préface* des *Principes*, vers la fin de laquelle Descartes déclare :
« je suis obligé […] de prier ici les lecteurs qu'ils ne m'attribuent jamais aucune
opinion, s'ils ne la trouvent expressément en mes écrits, et qu'ils n'en reçoivent
aucune pour vraie, ni dans mes écrits ni ailleurs, s'ils ne la voient très clairement être déduite des vrais principes » (AT IX-2 19 25 – 20 5). Hallyn (*ibid.*)
mentionne l'étonnement de Huygens auprès de Mersenne lorsque Regius, « qui
avait souffert le martyre à cause de M. des Cartes contre Voetius », « s'attire la
colère de Descartes parce que, "en quelques points, *audet a dictatore discrepare*
– il ose s'écarter du dictateur" ».

2. Alquié avait bien mis en lumière cette étrange attitude de Descartes.
Selon son point de vue général, il l'expliquait par le double geste simultané de
déréalisation du monde et de position du sujet : « Toujours le rapport inter-
conscientiel est nié : ceux qui prétendent avoir appris quelque chose à Descartes
sont assimilés à des choses qu'il aurait objectivement étudiées, ceux qui veulent
discuter avec lui sont confondus avec des animaux importuns » (*La découverte
métaphysique de l'homme chez Descartes, op. cit.*, p. 100).

Chapitre V

**PROMESSES ET CALOMNIES
DISCOURS PUBLICS, DISCOURS PRIVÉS**

Descartes a défendu sa philosophie au moins autant contre la calomnie que contre l'erreur. Les querelles d'Utrecht et de Leyde furent longues, pénibles, douloureuses, incertaines. Descartes alla même jusqu'à craindre de se voir « arrêté dans quelque mauvaise hôtellerie »[1], et en conserva une assez durable amertume à l'égard de la Hollande[2]. Surtout, il ne cessait de se plaindre à tous ses correspondants d'avoir à lutter contre des « calomnies ». Le terme, accompagné assez souvent par ceux de « médisance » et « d'imposture »[3] est omniprésent

---

1. AT IV 33 20-21, du 7 novembre 1643 à Wilhelm.

2. AT V 654, à Huygens, 8 décembre 1647, à propos de l'offre qu'on lui avait faite d'une pension s'il rentrait en France : « Bien que cela ne me touche pas fort, il me semble pourtant que je serais déraisonnable, si je n'aimais pas mieux être en un pays où je suis né, et où l'on témoigne m'avoir en quelque considération, que de m'arrêter en un autre où je n'ai su en 19 ans obtenir aucun droit de bourgeoisie, et où, pour éviter **l'oppression**, je suis contraint à chaque fois d'avoir recours à Monsieur notre Ambassadeur ». Descartes sera très déçu, cependant, par son voyage à Paris.

3. AT V 362 14-31, juin 1649, à Freinshemius. Voir *infra*, *Documents et discussions*, 4, p. 139-142.

sous sa plume[1], mais également dans la relation écrite par
Clerselier après sa mort[2]. Or une calomnie est dangereuse,
pour Descartes, en ce que c'est une parole que son auteur peut
désavouer. En ce sens, les calomnies sont plus proches des
promesses qu'on ne pourrait le soupçonner. Une promesse, en
effet, peut fonctionner comme une calomnie, surtout lorsqu'elle
est faite en privé. On prononce certains mots, ils font un
certain effet immédiat, et par la suite on peut toujours se dédire.
Comme le montrait l'exemple des «Princes», les promesses
font partie dans ce cas d'une politique de gouvernement et de
domination, de même qu'elles font partie, dans un comportement donjuanesque, d'une technique de séduction[3]. De même,
dans la calomnie, on prononce d'abord dans des conversations
privées certains mots qui peuvent nuire (que, par exemple, telle
personne est «athée»)[4]. Ces mots commencent immédiatement à faire leur effet, qui s'étend dans le futur, et ensuite on peut
toujours nier qu'on les ait prononcés. Promesse et calomnie sont

1. Voir *Documents et discussions*, 4, p. 136-139.
2. AT V 481, relation de Clerselier sur la mort de Descartes : « Cet illustre
personnage a eu ce malheur commun avec tant d'autres, de n'être pas seulement
persécuté pendant sa vie, mais même d'avoir été poursuivi par la **calomnie**
après sa mort : quelques uns l'ayant fait passer pour un hérétique, d'autres
pour un libertin, et d'autres enfin ayant fait courir le bruit qu'il était mort
de déplaisir, de n'avoir pu être favorablement écouté de cette savante et
incomparable Reine qui l'avait appelé auprès d'elle ».
3. Voir respectivement *supra*, chap. III, p. 68-78 (pour les promesses des
Princes), et, pour Dom Juan, chap. IV, p. 94-95, n. 2.
4. Voir *supra* (chap. IV, p. 90, n. 2 et p. 91, n. 1) les inquiétudes de Descartes au
sujet des «rumeurs» et des accusations d'«athéisme» lancées contre lui pendant
la querelle d'Utrecht. Voir également AT V 130 28-29, à Chanut, 21 février
1648, à propos de Christine de Suède : « la parole a beaucoup plus de force pour
persuader que l'écriture ». Dans le cas de la calomnie, c'est un problème.

en ce sens des modèles d'efficacité perlocutoire. La calomnie, en outre, est proche du « repentir », non pas au sens moral de « regret » ou « remords », mais au sens plutôt ontologico-esthétique qui consiste en peinture à « effacer » une partie d'un tableau en en peignant une autre par dessus, avec le résultat que quelque chose qui a été est comme s'il n'avait pas été. La méfiance cartésienne à l'égard des promesses aurait de ce point de vue bien des similitudes avec sa lutte contre les calomnies.

Descartes va donc mener bataille contre les calomnies en utilisant surtout l'arme de la publication, ou de la publicité sous toutes leurs formes : il s'agira pour lui de faire en sorte que ceux qui auront prononcé certains mots se trouvent publiquement engagés par eux, et ne puissent plus les désavouer. La presse sera donc ici le substitut de la promesse. Les calomniateurs seront enchaînés, engagés malgré eux (valorisation des promesses : D2). Mais Descartes, après y avoir fermement cru, devra pourtant reconnaître les limites et les insuffisances de cette stratégie (scepticisme sur la valeur des promesses : D1).

(D2) L'HONNEUR PAR LA PUBLICATION

Les calomnies contre lesquelles Descartes se défend ne sont pas toutes de type religieux. Dans ses nombreuses controverses philosophiques, physiques et mathématiques, Descartes procède de la même manière que dans ses querelles théologiques. Il est persuadé que le simple fait de « publier » une objection, une critique ou une calomnie (et à ses yeux, les trois termes sont assez proches) améliorera et moralisera le débat ou

la controverse. Ses adversaires auront « honte »[1] de coucher
noir sur blanc leurs objections, critiques ou calomnies, car
leurs faiblesses de raisonnement (ou malveillances, ou impostures), une fois publiques, éclateraient à la vue de tous, et se
détruiraient d'elles-mêmes. Espérant par ce simple moyen
diminuer la masse des critiques qui le visent, il écrit ainsi à
Mersenne, en décembre 1641, à propos des jésuites :

> Et je voudrais bien qu'une autre fois, s'ils vous prient derechef
> de me faire savoir quelque chose de leur part, vous le refu-
> sassiez, si ce n'est qu'ils me missent eux-mêmes par écrit, à
> cause qu'**ils peuvent mieux désavouer leur parole que leur
> écriture**. Et je prévois déjà qu'ils **désavoueront** une partie de
> ce que vous m'avez cette fois écrit de leur part, et à quoi j'ai été
> obligé de répondre ; mais n'importe, cela vous servira d'excuse
> pour ne vous plus charger de leurs commissions, **s'ils ne les
> écrivent**[2].

Il y a ainsi pour Descartes trois niveaux de publicité
croissante, et donc de moralité croissante : parler, écrire
et imprimer. Chacun des niveaux est plus public et plus sûr que
l'autre, c'est-à-dire moins susceptible d'être renié, désavoué
ou démenti. Descartes introduit même, dans une lettre à
Mersenne de janvier 1643 concernant sa controverse avec
Voetius, un quatrième niveau, la « lettre ouverte », intermédiaire entre la lettre privée et l'impression. Il demande en effet
à Mersenne d'envoyer une lettre qu'il (Mersenne) a écrite en sa

---

1. À Mersenne, 7 décembre 1642 : « je demande seulement qu'on s'abstienne
de blâmer ce qu'on n'entend pas, et si on a quelque chose à dire contre mes écrits
ou contre moi, qu'on me la veuille dire à moi-même, plutôt que d'en **médire en
mon absence** et d'y employer des moyens, qui ne peuvent tourner qu'à la **honte**
et à la confusion de ceux qui s'en servent » (AT III 597 8-15).

2. À Mersenne, 22 décembre 1641 ; AT III 469 8-19.

faveur (sc. en la faveur de Descartes), non pas directement à Voetius, mais indirectement, en passant par Huygens, et en envoyant à Huygens cette lettre *ouverte*, pour qu'il la fasse lire à d'autres personnes, avant de prendre lui-même (Huygens) « l'initiative » de l'envoyer à Voetius :

> Et je ne crois pas qu'il y ait aucun mal, s'il dit que vous lui avez envoyé cette lettre ouverte, afin qu'il vît en quels termes vous écrivez de moi, et même qu'il l'envoie ainsi ouverte à Voetius, *ce qui vaudra autant ou plus que si elle était imprimée* [1].

Cette liaison de la publicité à la vérité, par l'intermédiaire de la moralité (c'est-à-dire d'un engagement implicite de

---

1. À Mersenne, 4 janvier 1643 ; AT III 608 13-17. La controverse avec Voetius donne lieu aux déclarations les plus explicites de Descartes sur la liaison entre publication, moralité et vérité : voir par exemple AT IV 9 *sq.*, du 6 juillet 1643, en hollandais, réponse de Descartes à la citation lancée contre lui à Utrecht dans l'affaire Voetius (trad., p. 646 *sq.*) ; par exemple, p. 647 : « De même que c'est publiquement que j'ai été offensé par lui, c'est **publiquement**, comme il le convenait, que j'ai plaidé ma cause. […] Et bien qu'il n'ait pas eu à répondre des **calomnies** <*lasteringen*> du livre scandaleux naguère publié en votre Ville sous le titre *Admiranda Methodus novae philosophiae Renati des Cartes* ou *philosophia Cartesiana* [*La méthode digne d'admiration de la nouvelle philosophie de René Descartes*, ou *La philosophie cartésienne*], et qu'il cherche à s'en excuser, ainsi qu'on me l'a mandé, Vos Seigneuries trouveront, en tout cas, différentes autres choses par lesquelles j'ai clairement montré, seulement d'après les écrits qui portent son nom **et qu'il ne peut démentir**, ce qu'on doit penser sur ce qu'il a plu à Vos Seigneuries d'examiner, à savoir s'il est digne de ses emplois. […] Mais néanmoins, puisque tout le monde juge qu'il est le principal auteur des **calomnies** qui se trouvent contre moi dans le livre **diffamatoire** ci-dessus mentionné, je prie Vos Seigneuries », etc. ; p. 648, vers la fin, Descartes déclare penser que le dessein des magistrats est que, « de même que tout le différend […] est contenu dans des livres **imprimés**, de même tout ce qui pourra s'ensuivre soit rendu public par **l'impression**, afin que tout le monde puisse le juger ».

l'auteur, et d'une exposition à la critique de tous), donne sens au fait, par exemple, que Descartes ait choisi de publier le *Discours de la méthode* en français plutôt qu'en latin, et ensuite de toujours permettre que soient publiées des traductions française (c'est-à-dire pour le plus grand nombre) de ses œuvres en latin.

À l'été 1645, Descartes se brouille avec Regius, et le menace aussitôt de faire imprimer un texte dans lequel il désavouerait publiquement les passages de son livre qu'il ne veut plus cautionner :

> Si ces écrits tombent entre les mains de personnes mal intentionnées […], elles pourront prouver par là, et même me convaincre en justice, que vous agissez comme Voetius, etc. De peur que le blâme ne retombe sur moi, je me verrai dans la nécessité de *déclarer partout à l'avenir* que je suis entièrement éloigné de vos sentiments sur la métaphysique, et je serai même obligé d'en attester publiquement par quelque *écrit imprimé*, si votre livre vient à être publié [1].

Par suite, en réponse à une lettre particulièrement désagréable dans laquelle Regius l'avait piqué au point sensible en soutenant que beaucoup pensaient qu'il écrivait autre chose que ce qu'il pensait vraiment, Descartes répond :

---

1. *Si scripta ista in malevolorum manus incidant* […], *ex illis probare poterunt, et vel me judice convincere, quod Voetio paria facias, etc. Quod ne in me etiam redundet, cogar deinceps ubique profiteri, me circa res metaphysicas quam maxime a te dissentire, atque etiam **scripto aliquo typis edito id publice testari**, si liber tuus prodeat in lucem*» (à Regius, juillet 1645 ; AT IV 249 26 – 250 2) [je traduis].

Ceux qui me suspectent d'avoir *écrit* autre chose que ce que j'ai *pensé* me font la plus grande des offenses possibles, et si je les connaissais, je les tiendrais nécessairement pour des ennemis [1].

Descartes, blessé, à vif, fétichise ici l'écrit comme une sorte de serment. Il se sent totalement engagé (à ce qu'il dit ici du moins) par ses écrits publics (exactement de même qu'il ne cesse de chercher à engager les autres en les poussant à publier ce qu'ils veulent lui objecter). L'idée qu'on puisse l'accuser d'écrire une chose et d'en penser une autre lui semble tout particulièrement inacceptable (*maxima injuria*). On est donc ici aux antipodes des déclarations sur la possibilité de « désavouer » le traité du *Monde* [2].

Quelques années plus tard, Descartes, exaspéré par Roberval, écrit à Mersenne en déclarant sa résolution d'user du même procédé à l'encontre de son adversaire mathématicien :

> Enfin je déclare, dès à présent, que je ne sais plus lire aucuns écrits, excepté les lettres de mes amis, qui m'apprendront de leurs nouvelles et en quoi j'aurai moyen de les servir ; comme aussi je n'écrirai jamais plus rien, que des lettres à mes amis, dont le sujet sera, *si vales, bene est, etc.* [« j'espère que tu vas bien, etc. »]. Je ne me mêle plus d'aucune science, que pour mon instruction particulière. Et tous ceux qui se vanteront d'avoir quelque chose à dire contre mes écrits, je vous prie de les convier, non point à me l'envoyer en particulier, **mais à le faire imprimer**. Et qu'ils fassent des livres contre moi, tant qu'ils voudront, si je n'apprends des plus intelligents qu'ils soient très bons, je ne les lirai seulement pas. Et je dois encore

---

1. À Regius, juillet 45 : « *Maxima injuria sit ab illis, qui me aliquâ de re aliter scripsisse quam sensisse suspicantur, ipsosque si qui sint scirem, non possem non habere pro inimicis* » (AT IV 256 12-15) [je traduis].

2. Voir *supra*, chap. IV, p. 86-97.

moins lire les choses **écrites à la main** que je saurai venir d'un homme comme Roberval, de qui je n'ai jamais rien vu qui valût rien. Je suis néanmoins… [1].

(D1) Limites de l'engagement public

Pour diverses raisons, Descartes a néanmoins été déçu dans ses espérances de lier publication, moralité et vérité. Au moment de sa rupture avec Beeckman, en 1630, Descartes accuse ce dernier de ne lui avoir écrit une lettre apparemment privée que pour la diffuser, se vanter de son contenu, et ainsi lui nuire :

> En effet, puisque après que nous sommes restés silencieux l'un comme l'autre pendant un an, vous m'écrivez, dans une lettre, que si je voulais veiller au bien de mes études, je devais retourner auprès de vous, que je ne pouvais nulle part profiter autant qu'auprès de vous, et nombre d'autres choses du même genre, que vous sembliez m'écrire familièrement et en ami, comme à quelqu'un de vos disciples ; que pouvait-il me venir d'autre en l'esprit, sinon que vous aviez fait cette lettre afin que, *la montrant aux autres avant que de me l'envoyer*, vous puissiez vous vanter que j'avais alors coutume de recevoir souvent de vos enseignements ? C'est pourquoi, *jugeant qu'il y avait là-dessous quelque mauvais artifice*, j'ai pensé qu'il méritait quelque réprimande [2].

1. À Mersenne, 12 octobre 1646 ; AT IV 527 5-22.
2. À Beeckman, 17 octobre 1630 [je traduis] ; texte latin en AT I 157 7-17 : « *ut priusquam ad me mitteres, eas aliis legendo* […] ; *qua in re cum malitiosum artificium subesse videretur* ».

La publicité n'est donc pas toujours morale : au contraire, dans le cas présent, elle sert un projet mensonger et falsificateur aux yeux de Descartes. La lettre-réponse de Descartes (destinée elle-aussi à la diffusion[1]) est alors conçue comme un remède, un antidote, un contre poison, à la lettre-poison de Beeckman[2].

Dans la controverse avec Regius, Descartes découvre non sans une certaine inquiétude que des critiques calomnieuses peuvent être développées en public sans cesser pour autant d'être calomnieuses : comme si le passage du privé au public ne permettait pas toujours la transmutation de l'immoralité en moralité, et de l'erreur en vérité, sur lesquelles comptait Descartes :

> Mais on m'a assuré qu'ils [les professeurs d'Utrecht] ont fait une loi en leur académie, par laquelle ils défendent

---

1. Vers la fin de la lettre, Descartes distingue sans doute « l'ennemi » qu'il ne veut pas être, de « l'ami » qu'il veut être, comme celui qui « déclame » publiquement contre son adversaire doit être distingué de celui qui « ne lui découvre ses défauts qu'à lui seul ». Mais quelques lignes plus loin, Descartes menace explicitement de rendre sa lettre publique : « car, si vous persévérez dans votre mal, je serai contraint de vous abandonner, *et de m'excuser devant tout le monde* <*cogar te deserere, mecum apud omnes excusare*> de peur d'être blâmé d'avoir autrefois contracté amitié avec un homme de votre humeur et de passer pour un imprudent dans le choix que je fais de mes amis » (à Beeckman, 17 octobre 1630, AT I 166 29 – 167 2, je traduis).

2. La lettre est en elle-même un remède contre une autre lettre. Elle se veut également, par son contenu, un « remède » pour la « maladie » dont souffre Beeckman : « Mais certes, je vois bien, par vos dernières lettres, que vous n'avez pas en cela péché par malice, mais par maladie <*te non ex malitia peccasse, sed ex morbo*> ; […] et au nom de notre ancienne amitié, j'indiquerai ici les **remèdes** par lesquels je pense que vous pourriez guérir <*quibus te sanari posse putem* **remediis**> » (AT I 158 8-12, je traduis). La métaphore « maladie/remède » est filée tout au long de la lettre.

expressément qu'on y enseigne aucune autre philosophie que celle d'Aristote. Je serais bien aise d'en avoir copie, s'il est possible ; ce que je ne demanderais pas, si je pensais qu'ils le trouvassent mauvais ; **mais puisqu'ils l'ont publiée**, je crois qu'ils veulent bien qu'on la sache, et qu'ils sont trop sages pour suivre les impertinentes règles d'un homme qui me nomme *in alienâ Republicâ curiosus*, et qui se plaint de tous ceux qui osent écrire les fautes qu'il ose faire **en public** [1].

Plus généralement, la croyance dans une sorte de vertu morale immanente à la publicité ne peut que pousser Descartes à désirer une publicité toujours plus large, qui s'étende, à la limite, à l'univers entier. Dans ces cas-là, on n'est plus très loin du Rousseau des *Confessions*, chez qui le désir d'être un exemple pour l'humanité s'accompagne d'une intense inquiétude paranoïaque. On lit par exemple, dans la lettre à Pollot du 23 octobre 1643, au sujet de la « querelle d'Utrecht » :

Cette cause a déjà été jugée, en ma faveur, par tant de milliers d'hommes qui ont lu les livres de part et d'autre, que des juges qui auront, tant soit peu, leur honneur en recommandation, n'oseraient manquer de me faire justice [2].

Bien loin de rassurer, l'extension du public produit ici de l'angoisse. Combien faudra-t-il de « milliers d'hommes » pour que le public soit infailliblement moral ? Et ces « milliers

1. À Pollot (?), mars 1642, AT III 551 8-19.
2. À Pollot, 23 octobre 1643 ; AT IV 29 13-18. Voir également la lettre (en latin) « Aux Curateurs de l'Université de Leyde », du 4 mai 1647 : « *theologum tam apertae atque inexcusabilis* **calumniae** *coram toto terrarum orbe reum facere* » (« les calomnies si manifestes et si peu excusables des théologiens ont fait de moi un accusé devant le monde entier », AT V 2 26-28 [je traduis]). On note ici l'exagération paranoïaque « devant le monde entier » (*coram toto terrarum orbe*) : nous ne sommes tout de même qu'à Leyde…

d'hommes » auront-ils vraiment lu tous les textes ? S'ils les ont lus, les auront-ils lus attentivement, avec objectivité ? Et peut-on être certain que tous les juges auront toujours « leur honneur en considération » ? Rien de moins certain. Ce qui se profile, au contraire, c'est un public jamais tout à fait assez nombreux, des juges jamais tout à fait assez soucieux de leur honneur, et donc une justice sans cesse différée, qui ne parviendra pas à être rendue par ce biais en lequel on plaçait tant d'espoir.

Finalement, en 1646, Descartes confie à Chanut son relatif découragement en ce qui concerne toute cette vie publique qu'il a menée. Il se plaint de n'avoir pas su s'abstenir d'écrire, avec tous les ennuis que ça lui a attirés. On a là un renversement des valeurs liées à l'écriture et à la parole : dans ses dernières années, Descartes semble d'un coup dégoûté (c'est un mot qu'il emploie assez volontiers) par le métier d'écrire, et veut retourner à la parole orale, privée, solitaire, amicale :

> je crois que le mieux que je puisse faire dorénavant est de m'abstenir de faire des livres ; et […] de n'étudier plus que pour m'instruire, et ne communiquer mes pensées qu'à ceux avec qui je pourrai **converser privément** [1].

Ce qui était dans un premier temps craint comme source de calomnie (les conversations privées) et qui devait être combattu par la publicité de l'écrit est maintenant désiré comme le refuge de la vérité, de la transparence, de l'honnêteté, des vraies valeurs. On retrouve donc ici le scepticisme de Descartes à l'égard de tout engagement.

---

1. À Chanut, 1er novembre 1646, AT IV 537 7-16.

CONCLUSION

Le bref passage du *Discours de la Méthode* dans lequel Descartes critiquait les « promesses », les « vœux » et les « contrats » méritait donc qu'on s'y intéresse et qu'on le prenne au sérieux. La structure paradoxale des engagements du philosophe y était d'emblée inscrite, dans un renoncement aux « promesses » motivé par une première « promesse » faite à soi-même, c'est-à-dire dans la résolution de ne plus changer de résolution. Et plus la résolution de « ne rien retrancher de sa liberté » serait suivie de façon « ferme et constante », plus la liberté du sujet se poserait de façon triomphale..., plus il rendrait inflexible l'interdiction de déroger à la règle d'action une fois décidée – le nœud de la maîtrise de soi empêchant de séparer, voire de distinguer, l'esclave obéissant du maître tout puissant, et exaspérant la servitude avec la maîtrise.

Cette dimension paradoxale structure en effet bon nombre de thèses et d'épisodes de la vie de Descartes. Il se méfie des promesses de toute nature (D1), comme autant de « vanteries » et d'« impostures », bonnes à la rigueur pour des alchimistes, des astrologues, ou des magiciens ; mais il reconnaît ses obligations, et tient les promesses qu'il lui arrive de faire (D2). Il fait l'éloge de la fidélité et de la fermeté dans les résolutions, jusqu'à se flatter d'être le premier à avoir ainsi défini la vertu (D2) ;

mais il reconnaît la légitimité de certaines « conversions », par lesquelles nous changeons radicalement les chemins de nos vies (D1). Il invoque sans cesse la distinction entre des « esprits faibles » à l'« inconstance » desquels les « promesses », « vœux » et « contrats » apporteraient quelque remède, et des « esprits forts » qui n'auraient pas besoin du secours des « promesses » pour poursuivre leurs « résolutions » (D1) ; mais il juge finalement que les esprits « les plus faibles », tout comme « les plus forts », sont capables d'un « pouvoir absolu » sur leurs passions, si bien qu'il juge tous les hommes, par l'égalité de leur « bon sens » et l'infinité de leur volonté, parfaitement égaux devant le choix de persévérer dans leurs comportements, ou de les modifier – par où est niée la distinction entre « esprits faibles » et « esprits forts » (D2) en même temps qu'elle est posée. Valorisant au plus haut point la constance et la fidélité (D2), Descartes se trouve pris, lorsqu'il lui arrive de « rompre » avec tel ou tel ami, non seulement dans un problème affectif, mais dans un piège logique qui le contraint à tenter de justifier paradoxalement ses ruptures (D1) par son goût de la fidélité. Il perçoit et condamne la dimension despotique et immorale de l'usage politique des « promesses » qu'on ne tient pas (D2), même s'il est un moment tenté de comprendre et d'admettre que les « Princes » puissent dans certains cas y avoir recours (D1). Il tente un moment de distinguer en l'homme une « liberté d'indifférence » qui proviendrait de l'ignorance, et qui serait « le plus bas degré de la liberté » en ce qu'elle caractériserait les irrésolutions des esprits faibles, et une liberté d'indifférence « positive », qui manifesterait l'infinité de notre volonté et notre ressemblance avec Dieu (D1) ; mais il en vient rapidement à l'idée que nos résolutions comme nos irrésolutions manifestent également l'infinité de notre liberté et une ignorance impossible à supprimer totalement, si bien qu'on ne peut plus distinguer entre des résolutions motivées par une indifférence-ignorance de celles motivées par une indifférence-liberté (D2) – la même liberté infinie qui nous plonge dans l'irrésolution nous permettant seule d'en sortir. Il nomme « création des vérités éternelles » et « création continuée » la promesse du Monde, toujours tenue (D2), même si une autre promesse aurait toujours pu être faite et tenue par Dieu (D1). Descartes se déclare prêt à « désavouer » certains de ses ouvrages, ne veut pas se sentir lié ou engagé par eux (D1) ; mais il montre aussi la plus extrême pugnacité à les défendre, jusqu'à la mauvaise foi, jusqu'à l'obstination, jusqu'à l'opiniâtreté (D2). Dans les multiples et douloureuses controverses où il s'estime « calomnié », enfin, il pense un moment pouvoir défendre son « honneur » par la publication de la vérité : ce qui est imprimé ne varie plus, et vous engage, et en cela vous oblige à l'effort moral de dire le vrai (D2), comme si un livre était en soi une sorte de serment ; mais à la fin de sa vie, Descartes doit reconnaître qu'on peut également être calomnié par écrit, et que par conséquent les engagements écrits n'ont pas plus de valeur que les autres promesses (D1).

Notre but n'a donc pas été de présenter un Descartes dissimulant un « secret », un philosophe « masqué », qui, fidèle à sa devise, aurait adopté un comportement visible pour en cacher un autre. Nous n'avons pas non plus, d'ailleurs, cherché à écarter comme « fantaisiste » une telle approche. Il y a beaucoup de mystères et de secrets dans la vie de Descartes, c'est une des dimensions attachantes du personnage, et sur bien des points biographiques controversés (signification et conséquences de son entrevue avec le Cardinal de Bérulle, raisons de son exil ou de sa « fuite » de 30 ans en Hollande, pèlerinage effectué ou non à Notre-Dame de Lorette, baptême de sa fille Francine, degré de proximité avec le protestantisme et avec la libre-pensée), nous avons pris plaisir à essayer de nous prononcer en fonction de nos lectures et de nos hypothèses de lecture. Cependant, la thèse générale ici soutenue a une dimension avant tout conceptuelle et logique. Les thèses de Descartes, telles qu'elles apparaissent dans la lumière des promesses, sont structurellement paradoxales, et donc ne laissent pas place, du point de vue qui a été le nôtre, à l'épaisseur d'une intentionnalité dissimulatrice, pas plus qu'à la temporalité d'une révélation ou même d'une relève. Les promesses et les résolutions sont à la fois exigées et refusées par Descartes, posées et niées, selon une logique paradoxale que nous avons ici parcourue et dépliée. L'une n'est donc pas ici le masque ou la vérité de l'autre.

Pour les mêmes raisons, et quel que soit le très grand intérêt d'une telle approche[1], nous n'avons donc pas présenté ici un Descartes rhéteur, « ironique », ou ironiste. Par certains thèmes, nous rejoignons pourtant ces analyses : par exemple, lorsque nous analysons les attitudes paradoxales de Descartes vis-à-vis de la publication de ses propres ouvrages comme vis-à-vis de ses contradicteurs, ou encore lorsque nous montrons le lien entre les préoccupations de Descartes vis-à-vis des « promesses » et vis-à-vis des « impostures » et des « calomnies », ou lorsque nous rencontrons chez lui des marques de « dénégation »[2]. De cette façon, nous sommes également amené à rendre compte à notre manière de la question de la publication du *Discours* en français plutôt qu'en latin, et à

1. Je pense ici par exemple à l'ouvrage de Fernand Hallyn, *Descartes, Dissimulation et ironie, op. cit.*, et à l'article de Cavaillé, « "Le plus éloquent philosophe des derniers temps". Les stratégies d'auteur de René Descartes », art. cit.

2. Voir *supra*, chap. 1 et p. 21, n. 1.

donner notre lecture des formes incontestables de « prudence » rhétorique dont Descartes est capable, et dans lesquelles il passe à juste titre pour un maître. Nous sommes également prêt à reconnaître que le « doute hyperbolique » est « joué »[1] (à condition d'entendre dans ce « jeu » aussi bien le défi aristo-cratique que la simulation de l'acteur de théâtre), et que par conséquent la sortie du scepticisme par son excès même reste toujours suspendue à un méta-scepticisme portant sur la décision, toujours révocable, d'entrer dans le jeu lui-même, et d'en accepter les règles – de même que toutes nos résolutions ne peuvent que rester suspendues à quelque première réso-lution d'être résolu – contingence qui fragilise toutes nos promesses, tous nos vœux, tous nos engagements. Là encore, notre hypothèse de lecture nous éloignait de la question de l'ironie, ou de l'alternative « simulation-dissimulation » chez Descartes, dans la mesure où ironie, simulation et dissimu-lation ne peuvent se concevoir hors de l'épaisseur, voire de la profondeur et d'une personnalité et d'une intentionnalité, alors que nous avons voulu, sans récuser les autres, privilégier ici un point de vue immanent permettant de mettre en évidence les paradoxes logiques et comportementaux liés aux contrats, aux vœux et aux promesses.

---

1. Hallyn, *Descartes, Dissimulation et ironie, op. cit.*, p. 150.

DOCUMENTS ET DISCUSSIONS

CONTRE LES CRITIQUES DE DESCARTES : DÉFENSE THÉOLOGIQUE DES « VŒUX »[1]

Gilson déclare, dans son commentaire du *Discours de la Méthode* :

> La manière dont Descartes croyait se mettre à l'abri de tout reproche en justifiant ainsi les vœux religieux [« non que je désapprouvasse les *lois* qui, pour remédier à l'inconstance des esprits faibles, permettent, lorsqu'on a quelque bon dessein, ou même, pour la sûreté du commerce, quelque dessein qui n'est qu'indifférent, qu'on fasse des *vœux* ou des *contrats* qui obligent à y persévérer; mais», etc.] était en réalité fort maladroite. Théologiquement, les vœux sont en eux-mêmes des actes de perfection, à tel point que la même action, accomplie en conséquence d'un vœu, est plus méritoire que si elle était accomplie sans vœu : *quia qui facit sine voto, implet tantum unum consilium, scilicet de faciendo; qui autem facit cum voto, implet duo consilia, scilicet de vovendo et faciendo* (Saint Thomas, *Somme Théologique*, IIa IIae, q. 88, art. 6, ad *Resp.*) [« car celui qui fait quelque chose sans avoir fait un vœu satisfait un seul dessein, celui de faire; tandis que celui qui fait quelque chose par suite d'un vœu satisfait deux desseins, à savoir celui de souhaiter

1. *Cf.* Introduction, p. 9.

et celui de faire»]. C'était donc singulièrement rabaisser la dignité des vœux religieux que de les réduire à un simple remède «pour l'inconstance des esprits faibles»; car s'il est vrai que, sans la faiblesse humaine, les vœux n'auraient pas lieu d'exister, toutefois, cette faiblesse étant universelle, les vœux ne se trouvent plus être un remède à la faiblesse de certains esprits, ils sont au contraire les actes héroïques de certains esprits particulièrement forts. Les violentes attaques de la Réforme contre les vœux religieux avaient rendu les oreilles très sensibles à cet égard (*cf.* Luther, *De votis monasticis judicium*, 1521, dans l'édition de Weimar, t. VIII, p. 573 *sq.*; dans celle d'Erlangen, t. VI, p. 238 *sq.* Pour Calvin, voir Jacques Pannier, *Recherches sur l'évolution religieuse de Calvin jusqu'à sa conversion*, Paris, 1924, p. 34 *sq.*); on s'inquiéta donc de cette formule du *Discours*, et Descartes se justifia en reconnaissant le caractère intrinsèquement vertueux du vœu, que paraissait ignorer la rédaction du *Discours*.

Gilson renvoie alors à un passage de la lettre du 30 août 1640:

Ces gens montrent bien leur mauvaise volonté et leur impuissance, en disant des choses si hors d'apparence; aussi bien que ceux qui s'offensent de ce que j'ai dit, que les vœux sont faits pour remédier à la faiblesse des hommes; car outre que j'ai très expressément excepté, en mon *Discours*, tout ce qui touche la religion, **je voudrais qu'ils m'apprissent à quoi les vœux seraient bons, si les hommes étaient immuables et sans faiblesse**. C'est une vertu de se confesser, aussi bien que de faire de vœux de religieux; mais pourtant cette vertu n'aurait jamais de lieu, si les hommes ne péchaient point [1].

1. À Mersenne, 30 août 1640, AT III 166-167. Descartes revient sur ce point dans la lettre à Mersenne du 18 novembre 1640, AT III 244-245 : « je vous

dont la dernière formule : « cette vertu n'aurait jamais de lieu, si les hommes ne péchaient point », pouvait s'appuyer sur des passages de Thomas, « peut-être », écrit Gilson, « *Somme Théologique* IIa IIae, q. 88, art. 4, ad 3m, où il est établi que le Christ, étant parfait, ne pouvait faire de vœux ». Gilson conclut : « mais le texte du *Discours* subsistait, et sa rédaction, en semblant réserver les vœux à l'usage des médiocres alors qu'ils étaient définis comme des actes de vertu héroïque, devait continuer à soulever de vives oppositions »[1].

D'après cette argumentation, on voit clairement qu'il faut renoncer soit à la valeur (ou, comme dit Gilson, à la « dignité ») des vœux, soit à la distinction entre « esprits forts » et « esprits faibles ». Si tous les hommes étaient « d'esprit faible », comme Gilson semble un moment le poser[2], alors en effet les « vœux » ne seraient pas réservés aux « médiocres », puisqu'il n'y aurait *que* des « médiocres », et par conséquent les vœux seraient pour tous, également dignes. Mais Descartes pense si peu que

remercie des passages de saint Thomas pour les **vœux**, bien que je n'en aie jamais été en peine ; car la chose est trop claire, et ceux qui objectent de telles choses [...] montrent qu'ils ont de la mauvaise volonté sans science ».

1. Gilson, *Commentaire historique du* Discours de la Méthode, Paris, Vrin, 1925, p. 240-241.

2. « S'il est vrai que, sans la faiblesse humaine, les vœux n'auraient pas lieu d'exister, *toutefois, cette faiblesse étant universelle*, les vœux ne se trouvent plus être un remède à la faiblesse de certains esprits, ils sont au contraire les actes héroïques de certains esprits particulièrement forts » (je souligne) : on ne peut pas ne pas remarquer ici une contradiction directe dans l'énoncé de Gilson : car, ou bien la « faiblesse » des esprits, ou des hommes, est « universelle », ou bien elle ne l'est pas, *tertium non datur*. Donc on ne peut pas comprendre pourquoi, après avoir posé « cette faiblesse étant universelle », Gilson peut dire, à la fin de la phrase, que les vœux sont « au contraire les actes héroïques *de certains esprits particulièrement forts* » : dans ce cas, la « faiblesse » n'est pas « universelle ».

les hommes soient tous des « esprits faibles », qu'il fait de la distinction entre « esprits faibles » et « esprits forts » un leitmotiv de sa pensée comme de ses textes (cf. *supra*, p. 46-54). Si donc on admet (avec Descartes) la distinction entre « esprits forts » et « esprits faibles », on ne peut pas échapper à la conclusion selon laquelle les « vœux » sont surtout bons pour les « esprits faibles », et donc à la « dévalorisation » des vœux – l'exemple du Christ venant ici, *a contrario*, renforcer l'argument.

En outre, le premier passage de Thomas pose en réalité bien plus de problèmes qu'il n'en résout sur la question des « vœux ». Comment y traduire « *consilium* » ? Et quelle y est la différence entre *consilium* et *votum* ? Si un *votum* satisfait un *consilium*, faut-il penser qu'il y a deux niveaux de « vœu », le « dessein » et le « vœu » lui-même ? Ou au contraire doit-on considérer le *consilium*, le « dessein », le « projet » comme déjà une sorte de « vœu » ? Quelle est la différence entre « avoir le dessein de faire un pèlerinage », « avoir le projet de faire un pèlerinage », « former le vœu de faire un pèlerinage », et « souhaiter faire un pèlerinage » ; ou encore « prendre la résolution de faire un pèlerinage », « s'engager à faire un pèlerinage », ou « (se) promettre de faire un pèlerinage » ? Notre thèse ici est que ces expressions sont en réalité *grosso modo* synonymes. Car, pour reprendre la distinction de Thomas, si j'accomplis une certaine action *sine voto*, « sans vœu » (ou plutôt, pour utiliser le français ordinaire et usuel, « sans avoir fait un vœu »), je ne satisfais qu'à « un seul dessein » (*consilium*), à savoir, dit Thomas, « le dessein de faire ». Mais le « dessein de faire » est-il autre chose, au fond, qu'une sorte de « vœu » ? On ne voit pas comment on pourrait agir sans « dessein », sans *consilium*, c'est-à-dire, pour coller au latin, sans « résolution » ou sans « décision », mais, plus largement, sans « intention », sans « projet », sans « souhait », sans

« volition », sans « vœu », au sens le plus large du terme, que ce
« vœu » soit formulé comme tel ou qu'il ne le soit pas. Si je
« décide de faire une promenade » cet après midi, je formule
une « décision », une « résolution » ou un « engagement »,
mais également un « vœu », un « souhait », un « dessein », un
« projet », quelque chose qui a toutes les caractéristiques d'une
« promesse » à moi-même. Et de ce fait, la distinction thomiste
entre « satisfaire le seul dessein – *consilium* – de faire » et
« satisfaire deux desseins – *consilia* – à savoir "le dessein de
faire" et "le dessein de faire un vœu" » est manifestement
artificielle. Car en quoi ce « dessein de faire un vœu » se
distingue-t-il d'un simple « dessein », ou d'un simple « vœu » ?

SUR L'ASPECT « RÉSOLUMENT FUYANT »
DE DESCARTES, ET SA RENCONTRE
AVEC LE CARDINAL DE BÉRULLE [1]

Selon Maxime Leroy [2], la « fuite » est une dimension essentielle de la vie de Descartes :

> Le premier acte de Descartes, ce sera de *fuir* les siens, tous ces ennemis intimes, dès qu'il en aura le pouvoir. Il les *fuira* sans retour, sans remords. Il n'assistera ni au mariage de son frère ainé, ni à celui de sa sœur ; [...] il préfèrera mener à sa fin une polémique avec ses adversaires hollandais plutôt que de retourner en France pour revoir son père vieillissant, qu'il n'a pas revu depuis des années. Le vieillard mourra pendant cette querelle : il ne hâtera pas son départ pour pleurer sur la tombe fraîchement ouverte. À l'heure de la mort, Descartes ne rêvera qu'à sa nourrice, qui lui fut maternelle. [...]
>
> Descartes n'est pas à l'aise dans le cadre familial. Aurait-il été plus à l'aise dans le cadre artificiel du collège ? Il entre au collège des Jésuites vers sa huitième année ; il entourera de saluts pleins de courtoisie ces années d'enfance, qui furent assez sauvages ; mais jamais il ne reviendra rafraîchir ses

---

1. *Cf.* chap. I, p. 22 et p. 27.
2. M. Leroy, *Descartes, le philosophe au masque*, Paris, Rieder, 1929, p. 12 (je souligne dans tous les cas).

souvenirs à la Flèche. Hésitant entre la lutte directe et les
habiletés diplomatiques, il ne pensera qu'à neutraliser l'ordre
puissant, et à le *fuir*. Il voyait dans les Pères, disait son pieux
biographe l'abbé Adrien Baillet, comme une armée qui
cherchait à le détruire, lui et sa philosophie.

Serait-il plus à l'aise dans sa patrie ? Il ne songe guère à aller
habiter les bâtiments nobles de la ferme du Perron, dont il est le
propriétaire modestement féodal [...]. Arrivé à l'âge d'homme,
il s'enrôle chez les protestants, sous les ordres du prince
Maurice de Nassau, un athée [1], qui vient de battre terriblement
l'armée de S. M. Catholique. *Il fuit les siens, ses maîtres, sa
religion, son pays, son roi.*

Alquié déclare sans doute avec hauteur, et sans avancer un
seul argument, que « le tableau, cher à Maxime Leroy, d'un
Descartes d'abord incompris des siens, détestant sa religion et
son roi, puis poussé par l'inquiétude à parcourir l'Europe, est
de pure fantaisie »[2]. Mais sa contre-proposition (qu'elle soit
ironique ou non) est étonnamment légère : « Quand à la mobi-
lité de Descartes », écrit en effet Alquié, « elle peut s'expliquer
aussi bien par le goût d'apprendre *que par celui de fuir* » [je
souligne]. Commode et opportun « goût d'apprendre », érigé

1. « Maurice de Nassau, près de mourir [le 23 avril 1625], fut prié par un
pasteur de "faire une espèce de profession de foi". Il répondit : "je crois que 2 et
2 sont 4, et que 4 et 4 sont 8". C'est la formule que reprend le Dom Juan de
Molière, comme un mot de passe des athées. Chez Tallemant des Réaux,
elle deviendra : "je vois bien qu'il n'y a de certain que les mathématiques".
Descartes disait la même chose dans la deuxième de ces *Regulae* qu'il se
préparait à reprendre, après avoir peut-être commencé à rédiger les premières
avant le voyage en Italie » (G. Rodis-Lewis, *Descartes, Biographie, op. cit.*,
p. 94).

2. F. Alquié, *La découverte métaphysique de l'homme chez Descartes,
op. cit.*, p. 18.

sans vraisemblance en explication générale des conduites de Descartes, pour faire barrage à un dérisoire « goût de fuir » dont il n'était nullement question…. Leroy montre beaucoup d'intuition, également, dans sa lecture du passage où Baillet rend compte du fameux entretien entre Descartes et le Cardinal de Bérulle, personnage politique et puissant qui tentait vraisemblablement d'enrôler Descartes « dans les œuvres de contre-réforme dont il [était] l'un des plus actifs promoteurs » (p. 127) :

> L'impression que les exhortations de ce pieux Cardinal firent sur lui se trouvant jointe à ce que son naturel et sa raison lui dictaient depuis longtemps acheva de le déterminer. Jusque là il n'avait encore embrassé aucun parti dans la philosophie, et n'avait pas pris de secte, comme nous l'apprenons de lui-même. Il se conforma dans *sa résolution de conserver sa liberté*, et de travailler sur la nature même sans s'arrêter à voir en quoi il s'approcherait ou s'éloignerait de ceux qui avaient traité la philosophie avant lui. Les instances que ses amis redoublèrent pour le presser de communiquer ses lumières au Public, ne lui permirent pas de reculer plus loin. Il ne délibéra plus que sur les moyens d'exécuter son dessein plus commodément ; et ayant remarqué deux principaux obstacles qui pourraient l'empêcher de réussir, savoir la chaleur du climat et la foule du grand monde, *il résolut de se retirer pour toujours* du lieu de ses habitudes, et de se procurer une solitude parfaite dans un pays médiocrement froid, où il ne serait pas connu [1].

Leroy sent bien ici la proximité de ce que dit Baillet et de ce qu'aurait pu dire Descartes lui-même. Il sent également passer « on ne sait quelle nervosité », bien présente en effet, dans ce

---

1. Baillet, *Vie de Monsieur Descartes*, *op. cit.*, p. 127-128.

récit : « Descartes veut partir ; il écarte ses amis. Il est tout à
coup impatient. […] *Il fuit*, c'est évident » (129). Plus on relit le
texte de Baillet, en effet, et plus le départ de Descartes apparaît
brusque, inquiet, invraisemblablement motivé (« la chaleur du
climat » !), réellement fuyant, et non pas du tout la conséquence
d'une révélation amicale ou pieuse, suivie d'une obéissance
sereine à un homme pour qui il aurait eu assez d'estime pour
changer sa vie après un seul entretien avec lui. Les deux « résolutions » prises alors par Descartes, si l'on en croit le texte de
Baillet (« conserver sa liberté », et « se retirer pour toujours du
lieu de ses habitudes ») ne désignent en effet rien de tel.

Gilson, au contraire, trouve « tout naturel » que Descartes
soit parti pour la Hollande[1]. Sur ce point, qui l'arrange, il suit
entièrement Gustave Cohen, qu'il abandonnera en revanche
lorsque les suppositions de l'auteur (sur une adhésion de
Descartes aux Rose-Croix) lui conviendront moins[2]. Il faut
donc croire Descartes sur parole : il n'est venu en Hollande
pour rien d'autre que pour trouver la « tranquillité ». Sans
doute, c'est un bien « impérieux besoin de tranquillité » que
celui « qui peut retenir un homme si longtemps exilé hors de
son pays ! »[3], s'étonne Gilson. Mais peu importe, l'explication
par la tranquillité sera servie et re-servie, non sans quelque
indifférence à la logique, ni quelque *obstination*. Car, Gilson
le reconnaît, Descartes n'a pas du tout trouvé cette fameuse
« tranquillité » en Hollande. Il y est importuné des « fami-
liarités » de ses voisins[4], déménage sans cesse, cache ses

1. É. Gilson, *Études sur le rôle de la pensée médiévale dans la formation
du système cartésien*, *op. cit.*, p. 270.
2. *Ibid.*, p. 277-278.
3. *Ibid.*, p. 272.
4. *Ibid.*, p. 273.

adresses; il y sera même persécuté, et s'en plaindra souvent et amèrement. Pourquoi, dans ce cas, ne pas revenir en France? Si Descartes cherchait la « tranquillité », il est logique, contrairement à ce que soutient ici Gilson, de penser que cette recherche était comparative, et non pas positive: et que, s'il est resté en Hollande *malgré l'absence quasi totale de tranquillité qu'il y a trouvé*, c'est parce qu'il pensait qu'il en trouverait encore moins en France – et par conséquent, que son exil en Hollande est bien plus une « fuite », intervenant peu après l'entretien avec Bérulle, qu'une recherche positive et « naturelle » d'un endroit tranquille où écrire.

La présentation de la rencontre entre Descartes et Bérulle par Geneviève Rodis-Lewis (*Descartes, Biographie*, p. 100 *sq.*) rend il est vrai un son apaisant, comme l'ensemble de l'ouvrage d'ailleurs. L'auteure fait l'hypothèse que la réunion eut lieu en novembre 1627 (et non pas en 1628), ce qui a pour premier effet de diminuer la puissance, voire la menace politique, que pouvait représenter le Cardinal. Si la réunion avait eu lieu en novembre 1628, en effet, comme le croyait Leroy, elle se serait tenue immédiatement après la fin du siège de La Rochelle, c'est-à-dire immédiatement après la terrible défaite infligée par Richelieu aux protestants. De ce fait, en 1628, une offre du Cardinal de Bérulle était quelque chose que l'on ne pouvait refuser... tandis que si l'on imagine la réunion en 1627, le personnage a quelque chose de moins impressionnant politiquement. On peut alors imaginer, comme le fait Geneviève Rodis-Lewis, que l'intérêt du Cardinal pour le jeune Descartes, qui s'était pourtant présenté lors de leur rencontre comme un jouteur capable de renverser quiconque dans la controverse, était avant tout théologique et philosophique : « L'hypothèse ici avancée », écrit-elle en effet, « du dessein cartésien de démontrer que sans Dieu l'homme n'a aucune certitude, pas même en mathématiques, offre un thème d'entretien beaucoup plus attachant pour Bérulle [sc. plus attachant que celui qu'imagine Baillet, selon lequel Bérulle "aurait encouragé Descartes à développer mécanique et médecine"]. Et on comprend alors pourquoi », conclut Geneviève Rodis-Lewis, « Descartes a entrepris cette réflexion sur la divinité [il s'agirait d'un « Traité sur la Divinité », que Baillet date du printemps 1628, mais qui, selon Geneviève Rodis-Lewis, aurait été plus vraisemblablement écrit par Descartes en France, à la campagne, durant l'hiver 1627-1628] non pas avant d'avoir vu Bérulle, mais pendant l'hiver après leur rencontre » (Rodis-Lewis, *Descartes, Biographie*, p. 103). L'hypothèse est évidemment tentante, et plausible. Mais G. Rodis-Lewis en indique elle-même les limites : Bérulle meurt en 1629, il faut supposer qu'il aurait missionné le Père Gibieuf pour « corriger » le « petit traité » que Descartes préparait... Rien de tout cela n'est assuré, ni certain, et sa biographe finit par contester le fait que Bérulle ait pu être considéré comme un « directeur de conscience » pour Descartes (p. 103), « même si », conclut-elle, « il a une bonne fois donné la direction décisive » (*ibid.*). Mais, s'il est certain que Descartes l'a prise, on ne voit nulle part que Bérulle lui aurait « donné la direction » de la Hollande...

DESCARTES A-T-IL ACCOMPLI SON « VŒU » DE PÈLERINAGE À NOTRE-DAME DE LORETTE ?[1]

En novembre 1619, Descartes vit une période d'exaltation intellectuelle, acquiert la certitude d'être en train de «découvrir les fondements d'une science admirable », et fait lui-même le récit et l'interprétation[2] de trois songes dans lesquels il a le sentiment de découvrir sa vocation. Baillet rapporte alors que, dès le lendemain, Descartes forma le vœu de se rendre en pèlerinage à Notre-Dame de Lorette :

> L'impression qui lui resta de ses agitations lui fit faire le lendemain diverses réflexions sur le parti qu'il devait prendre. L'embarras où il se trouvait le fit recourir à Dieu pour le prier de

1. *Cf.* chap. I, p. 27.
2. Dans son ouvrage de 1929, Maxime Leroy retranscrit l'interprétation de ces trois songes par Freud, à qui il les avait communiqués pour analyse. Pour l'essentiel, l'interprétation de Freud est décevante et se veut telle, car, selon Freud, les rêves de Descartes sont des «rêves d'en haut » (*Traüme von Oben*), «c'est-à-dire des formations d'idées qui auraient pu être créées aussi bien pendant l'état de veille que pendant l'état de sommeil et qui, en certaines parties seulement, ont tiré leur substance d'états d'âme assez profonds. Aussi ces rêves présentent-ils le plus souvent un contenu à forme abstraite, poétique ou symbolique » (Leroy, *Descartes, le philosophe au masque*, Paris, Rieder, 1929, p. 89).

lui faire connaître sa volonté de vouloir l'éclairer, et le conduire dans la recherche de la vérité. Il s'adressa ensuite à la Sainte Vierge pour lui recommander *cette affaire qu'il jugeait être la plus importante de sa vie* et pour tâcher d'intéresser cette Bienheureuse Mère de Dieu d'une manière plus pressante, il prit occasion du voyage qu'il méditait en Italie dans peu de jours pour *former le vœu d'un pèlerinage à N.-D. de Lorette.* [...] Il prétendit partir avant la fin de novembre pour ce voyage [1].

La marge d'incertitude sur les dates évoquées par Baillet pour le pèlerinage [2] n'atteint pas le fait qu'en gros à la même époque, Descartes fait sur son registre une seconde « promesse », celle de terminer « un traité » avant Pâques (donc avant Pâques 1620) [3]. Cette seconde « promesse » ne fut jamais tenue. Pour ce qui concerne le « vœu » du pèlerinage à Lorette, nous n'avons à ce jour aucune certitude. Il est certain, en revanche, que Descartes ne partit pour l'Italie que quatre ans plus tard, et que, pour le moins, il ne respecta pas la date qu'il avait fixée pour son pèlerinage. Et lorsqu'il entreprend enfin, en septembre 1623, son voyage vers l'Italie, c'est pour régler à la fois une affaire de famille et de carrière :

En mars 1623, Descartes apprend la mort du mari de sa marraine, M. Sain, qui, après avoir été contrôleur des tailles à Châtellerault, était devenu commissaire général des vivres pour l'armée au-delà des Alpes. C'était pour lui l'occasion de faire ce voyage d'Italie autrefois remis à plus tard. [...] selon

1. Baillet, *Vie de Monsieur Descartes*, *op. cit.*, p. 85 [je souligne].
2. Voir G. Rodis-Lewis, *Descartes, Biographie*, *op. cit.*, p. 70 et 78-79.
3. G. Rodis-Lewis, assez étrangement, parle à ce sujet de « double promesse » (*Descartes, Biographie*, *op. cit.*, p. 79), comme si les deux étaient liées.

Baillet, il se proposait de « prendre cette occasion pour se faire
donner, s'il était possible, la charge d'intendant de l'armée »
[AT I 3]. Il s'occupa alors de vendre quelques biens et partit
en septembre. Ici encore *on ignore tout* non seulement des
éventuelles démarches pour obtenir ce poste et des difficultés
rencontrées, mais même du trajet suivi par Descartes. Les
biographes le font aller à Venise pour les noces du doge
avec l'Adriatique, à Rome pour l'ouverture de l'année sainte le
25 décembre 1624 ; et naturellement ils pensent pour la plupart
(sauf ceux qui, non moins arbitrairement, le nient) qu'il a enfin
fait le pèlerinage de Lorette [1].

On ne peut qu'être surpris, ici, de la balance égale (pour ne
pas dire indifférente, voire amusée) que tient sa biographe
entre ceux qui estiment que Descartes aurait fait le pèlerinage,
et ceux qui le nient, comme s'il s'agissait d'options également
probables, faute de pièces à conviction, et au fond d'un point
de peu d'importance. Car Descartes, si l'on en croit Baillet,
avait bien déclaré, en 1619, qu'il jugeait cette affaire « la plus
importante de sa vie ». Et par conséquent, le fait que, comme le
dit Geneviève Rodis-Lewis, « on ignore tout » de la réalisation
ou de la non-réalisation de ce vœu est de toute évidence un
argument en faveur de sa non-réalisation. Comment imaginer
en effet que, au sujet d'une affaire si « importante », dans l'im-
mense correspondance que Descartes va entretenir au cours
des vingt-cinq années qui suivront son voyage en Italie, il n'y
fasse pas même une allusion ? Pourtant, les occasions ne
manquèrent pas. Descartes, par exemple, se justifie dans la
lettre du 30 août 1640, citée ci-dessus [2], précisément au sujet de
sa critique des promesses et des vœux dans la première des

1. G. Rodis-Lewis, *Descartes, Biographie, op. cit.*, p. 89-90.
2. Cf. *Documents et discussions* 1, p. 122-123, n. 1.

« maximes » de la morale « par provision ». Rien n'aurait été alors plus simple et plus naturel de sa part que de rappeler qu'il méprisait si peu les vœux qu'il en avait lui-même accompli un dans sa jeunesse. Et pourtant, même dans cette lettre il n'en dit pas un mot, quelle qu'ait été « l'importance » qu'il avait en 1619 déclaré accorder à ce vœu. Son silence et l'ignorance dans laquelle il nous a laissés doivent donc nous conduire à ranger le vœu de pèlerinage à Notre-Dame de Lorette parmi les promesses non tenues de Descartes [1].

---

1. Comment ne pas se souvenir en outre, ici, que le culte de la Vierge est très peu en honneur chez les protestants ? Voir *supra*, chap. II, p. 39-46, et p. 45-46, n. 2.

CALOMNIES, MÉDISANCES
ET IMPOSTURES [1]

Un survol chronologique de la correspondance de Descartes y montre la présence constante du souci de la calomnie. Ainsi, dans la lettre du 22 décembre 1641 à Mersenne, en latin, à remettre à une autorité jésuite, Descartes se plaint des menaces de calomnies qu'aurait lâchées le Père Bourdin : *« cumque vita mea multis nota sit, et scripta in hominum manibus versentur, quicunque vel de vita vel de scriptis meis mali qui dicent, facile **pro calumniatoribus** agnoscentur, atque idea non tam mihi quam sibi ipsis nocebunt, quod viri prudentissimi nunquam committent »* (« puisque ma vie est connue de beaucoup de personnes, et puisque mes écrits ont été déposés dans les mains des hommes, tous ceux, quels qu'ils soient, qui diront du mal soit de ma vie soit de mes écrits, passeront immédiatement pour des calomniateurs, et nuiront non pas tant à mon image qu'à la leur-même, ce que n'entreprendront jamais des hommes très prudents » [2]).

---

1. *Cf.* chap. V, p. 103-104.
2. AT III 467 13-18. Je traduis ce passage et les suivants.

Toute la « querelle d'Utrecht » est décrite par Descartes en termes de « calomnie ». On lit par exemple dans la lettre à Élisabeth du 28 juin 1643 : « mais une fâcheuse nouvelle que je viens d'apprendre d'Utrecht, où le magistrat me cite, pour vérifier ce que j'ai écrit d'un de leurs ministres, combien que ce soit un homme qui m'a **calomnié** très indignement » [1], etc.

Dans la lettre du 7 novembre 1643 à Wilhelm, toujours à propos de cette affaire, et toujours au sujet de cette question de la « calomnie », on lit : « je ne sais si l'article de la coutume, sur lequel mon adversaire se fonde, se peut entendre de ceux qui ne sont point sous leur juridiction ; car si cela était, il n'y aurait personne [ni] lieu du monde, sur lequel ils ne pussent étendre leur puissance, en faisant faire des livres contre lui, remplis de toute sorte d'injure et **calomnies**, puis, s'il ose s'en plaindre, en l'accusant d'être lui-même le **calomniateur** » [2].

Les références à des « calomnies » sont également insistantes dans la requête en latin du 22 janvier 1644 à M. de la Thuillerie, au sujet de l'affaire Voetius, et plus particulièrement du livre de Schoock : « *neque enim mirari satis poteram, quod homo, quem nullo unquam nec facto nec verbo laeseram, quemque etiam natum antea nesciebam, tam insolenter in me inveheretur,* **atrocissimisque calumniis** *et inexcusabiliter puniendis me laedere auderet* » (« je ne pourrai jamais assez m'étonner du fait qu'un homme, que je n'ai jamais attaqué en aucune façon, que ce soit par des actes ou par des mots, et dont j'ignorais même l'existence, s'en prend à moi avec une telle insolence, et ose m'attaquer par les plus atroces, les moins excusables, et les plus punissables des calomnies » [3]).

1. AT III 695 21-24.
2. AT IV 33 4-11.
3. AT IV 90 6-11.

C'est également le cas dans la Requête du 17 février 1645 adressée par Descartes au Recteur de l'Université de Groningue : « *Nullum vero majus crimen esse potest, quam atheismi, quod ille mihi objecit. Nulla manifestior* **calumnia**, *quam cujus nulla probatio est, nisi ex quâ contrarium ejus quod affirmatur possit inferri : ut ille non alio argumento me atheum probat, quam quod scripserim contra atheos, et, multorum judicio, non male* » (« À dire vrai, il ne peut exister aucun crime plus grand que celui d'athéisme, que ce personnage m'impute. Il n'existe aucune calomnie plus manifeste que celle qui ne repose sur aucune autre preuve que celle à partir de laquelle on peut tirer le contraire de ce qui est affirmé : tout comme ce personnage ne prouve mon athéisme par aucun autre argument que le fait que j'aurais écrit contre les athées, et pas trop mal, au jugement de la plupart » [1]).

Les dernières années de Descartes sont toujours hantées par la calomnie. Il écrit ainsi dans la lettre à Élisabeth du 10 mai 1647 : « il y a une troupe de théologiens, gens d'école, qui semblent avoir fait une ligue ensemble pour tâcher à m'opprimer par **calomnie** » [2].

La lettre du 24 mai 1647 à Wilhelm s'ouvre sur la même question : « Monsieur, je pense vous avoir ci-devant parlé des **calomnies** de Triglandus de Leyde, et du dessein que j'avais d'en demander justice » [3], etc. ; « car il est question de calomnies si entièrement inexcusables et si claires » [4], etc..

Dans la lettre à Chanut, du 31 mars 1649, Descartes laisse une fois de plus percer amertume et découragement : « Et bien

1. AT IV 178 7-13.
2. AT V 16 3-6.
3. AT V 33 1-4.
4. *Ibid.* 26-27.

que je ne désire rien tant que de communiquer ouvertement et gratuitement à un chacun tout le peu que je pense savoir, je ne rencontre presque personne qui le daigne apprendre. Mais je vois que ceux qui se vantent d'avoir des secrets, par exemple en la chimie ou en l'astrologie judiciaire, ne manquent jamais, tant ignorants et impertinents qu'ils puissent être, de trouver des curieux, qui achètent bien cher leurs **impostures** »[1].

Dans la lettre 611 de juin 1649 à Freinshemius, Descartes dit craindre les « calomnies » et les « médisances » qu'il pourrait rencontrer en Suède : « C'est que, n'ayant pu me préparer à ce voyage sans que plusieurs aient su que j'avais l'intention de le faire, et ayant quantité d'ennemis, non point, grâce à Dieux, à cause de ma personne, mais en qualité d'auteur d'une nouvelle philosophie, je ne doute point que quelques-uns n'aient écrit en Suède, pour tâcher de m'y décrire. Il est vrai que je ne crains pas que les **calomnies** aient aucun pouvoir sur l'esprit de sa Majesté, pour ce que je sais qu'elle est très sage et très clair-voyante ; mais, à cause que les Souverains ont grand intérêt d'éviter jusques aux moindres occasions que leurs sujets peuvent prendre pour désapprouver leurs actions, je serais extrêmement marri que ma présence servît de sujet à la **médisance** de ceux qui pourraient avoir envie de dire qu'elle est trop assidue à l'étude, ou bien qu'elle reçoit auprès de soi des personnes d'une autre religion, ou choses semblables »[2].

Enfin, dans la lettre du 30 août 1649 à Hogelande, Descartes, au sujet d'un coffre qu'il laisse avec divers papiers avant de partir pour la Suède, lui dit de tout brûler si nécessaire, « excepté celles de Voetius au Père de Mersenne, que vous

1. AT V 327 23-31.
2. AT V 362 14-31.

trouverez dans le couvercle du coffre, et que je désire être gardées pour servir de préservatif contre ses **calomnies** » [1]. On peut rapprocher ce souci de celui qu'avait manifesté Descartes en 1630 au moment de sa rupture avec l'artisan Ferrier [2].

1. AT V 410 6-10.
2. Voir *supra*, chap. III, p. 57-60, et p. 60, n. 3.

BIBLIOGRAPHIE

On trouvera ci-dessous la liste des livres et articles cités dans le présent ouvrage. Le *Bulletin Cartésien*, dans les *Archives de Philosophie*, recense l'intégralité de ce qui est publié sur Descartes.

Descartes est cité dans l'édition Adam-Tannery, *Œuvres de Descartes*, nouvelle présentation P. Costabel et B. Rochot, Paris, Vrin-CNRS, 1966 *sq.*, abrégée en AT, suivi de la tomaison (en chiffres romains) puis du numéro de page et enfin des numéros de lignes.

ALQUIÉ Ferdinand, *La découverte métaphysique de l'homme chez Descartes*, Paris, P.U.F., 1950[1], 1966[2] (éd. revue); nombreuses réimpressions.
– *Le rationalisme de Spinoza*, Paris, P.U.F., 1981.
ARMOGATHE Jean-Robert et CARRAUD Vincent (dir.), avec la collaboration de M. Devaux et M. Savini, *Bibliographie cartésienne 1960-1996*, Lecce, Conte, 2003.
BAILLET Adrien, *Vie de Monsieur Descartes* (1691), Paris, La table ronde, 1992.
BEYSSADE Jean-Marie, *La Philosophie première de Descartes – Le temps et la cohérence de la métaphysique*, Paris, Flammarion, 1979.
– *Études sur Descartes : l'histoire d'un esprit*, Paris, Seuil, 2001.

— et MARION Jean-Luc (dir.) avec la collaboration de Lia Levy, *Descartes, Objecter et répondre*, Actes du colloque *Objecter et répondre*, organisé par le Centre d'études cartésiennes à la Sorbonne et à l'École Normale Supérieure du 3 au 6 octobre 1992, Paris, P.U.F., 1994.

CARRAUD Vincent et ARMOGATHE Jean-Robert, avec la collaboration de M. Devaux et M. Savini, *Bibliographie cartésienne 1960-1996*, Lecce, Conte, 2003.

CAVAILLÉ Jean-Pierre, « "Le plus éloquent philosophe des derniers temps". Les stratégies d'auteur de René Descartes », *Annales. Histoire, Sciences Sociales*, Année 1994, vol. 49, n° 2, p. 349-367, www.persee.fr

COHEN Gustave, *Écrivains français en Hollande dans la première moitié du XVIIe siècle*, Paris, Champion, 1920.

CRÉPON Marc et DE LAUNAY Marc (dir.), *La philosophie au risque de la promesse*, Paris, Bayard Centurion, 2008.

DERRIDA Jacques, *Limited Inc*, Paris, Galilée, 1990.

– *Séminaire, La bête et le souverain*, vol. 1 *(2001-2002)*, Paris, Galilée, 2008.

GILSON Étienne, *Index scolastico-cartésien*, Paris, Alcan, 1913.

– *Commentaire historique du* Discours de la Méthode, Paris, Vrin, 1925.

– *Études sur le rôle de la pensée médiévale dans la formation du système cartésien*, Paris, Vrin, 1930 ; nombreuses réimpressions.

GUEROULT Martial, *Descartes selon l'ordre des raisons*, I. *L'âme et Dieu*, II. *L'âme et le corps*, Paris, Aubier Montaigne, 1968.

GOUHIER Henri, *La pensée religieuse de Descartes*, Paris, Vrin, 1924.

– *Descartes, Essais sur le* Discours de la Méthode, *la métaphysique et la morale*, Paris, Vrin, 1937.

GRIMALDI Nicolas, *Six études sur la volonté et la liberté chez Descartes*, Paris, Vrin, 1988.

– *Études cartésiennes, Dieu, le temps, la liberté*, Paris, Vrin, 1996.

HALLYN Fernand, *Descartes, Dissimulation et ironie*, Genève, Droz, 2006.

KAMBOUCHNER Denis, *L'homme des passions – Commentaires sur Descartes*, I. *Analytique*, II. *Canonique*, Paris, Albin Michel, 1995.

LAPORTE Jean, *Le rationalisme de Descartes*, Paris, P.U.F., 1945 ; rééd. 1949 avec index ; réimprimé par la suite.

DE LAUNAY Marc et CRÉPON Marc (dir.), *La philosophie au risque de la promesse*, Paris, Bayard Centurion, 2008.

LEROY Maxime, *Descartes, le philosophe au masque*, Paris, Rieder, 1929.

MARION Jean-Luc et GRIMALDI Nicolas (dir.), *Le* Discours *et sa méthode*, Actes du colloque organisé en Sorbonne, les 28, 29, 30 janvier 1987 par le Centre d'études cartésiennes, Paris, P.U.F., 1987.

— et BEYSSADE Jean-Marie (dir.), avec la collaboration de Lia Levy, *Descartes, Objecter et répondre*, Actes du colloque *Objecter et répondre*, organisé par le Centre d'études cartésiennes à la Sorbonne et à l'École Normale Supérieure du 3 au 6 octobre 1992, Paris, P.U.F., 1994.

ONG-VAN-CUNG Kim Sang (dir.), *Idée et Idéalisme*, Paris, Vrin, 2006.

RAMOND Charles, « Le nœud gordien – pouvoir, puissance et possibilité dans les philosophies de l'âge classique », dans *Le Pouvoir*, Jean-Christophe Goddard et Bernard Mabille (dir.)., Paris, Vrin, 1994, p. 109-148 ; repris dans Ch. Ramond, *Spinoza et la Pensée Moderne – Constitutions de l'Objectivité*, Paris-Montréal, L'Harmattan, 1998, p. 129-172.

– « Pourquoi Descartes se défiait-il des promesses ? » dans *Descartes e Espinosa*, *Analytica – Revista de Filosofia*, vol. 13, nº 2, 2009, p. 29-63

– *Qualité et quantité dans la philosophie de Spinoza*, Paris, P.U.F., 1995.

– « Qu'est-ce qui est "utile" ? – Sur une notion cardinale de la philosophie de Spinoza », dans *Politiques de l'intérêt*, Annales Littéraires de l'Université de Franche-Comté, Besançon, 1998, vol. 679, Christian Lazzeri et Dominique Reynié (dir.),

p. 233-260; repris dans repris dans Ch. Ramond, *Spinoza et la Pensée Moderne – Constitutions de l'Objectivité*, Paris-Montréal, L'Harmattan, 1998, p. 337-370.

– *Spinoza et la Pensée Moderne – Constitutions de l'Objectivité*, Paris-Montréal, L'Harmattan, 1998.

RODIS-LEWIS Geneviève, *Descartes, Biographie*, Paris, Calmann-Lévy, 1995.

ROPARTZ Sigismond, *La famille Descartes en Bretagne, 1586-1762*, Rennes, Verdier, 1877.

TALON-HUGON Carole, *Les passions rêvées par la raison – Essai sur la théorie des passions de Descartes et de quelques-uns de ses contemporains*, Paris, Vrin, 2002.

VERBEEK Theo (éd.), *La Querelle d'Utrecht. René Descartes et Martin Schoock*, édition, traduction et notes, Paris, Les impressions nouvelles, 1988.

ZOURABICHVILI François, *Le conservatisme paradoxal de Spinoza – enfance et royauté*, Paris, P.U.F., 2002.

INDEX NOMINUM

ABRAHAM 79

ADAM, Charles 14, 25, 45, 60, 143

AEMILIUS 45

ALQUIÉ, Ferdinand 9, 14, 16, 20, 21, 22, 25, 36, 68, 73, 74, 84, 87, 93, 102, 130

ARISTOTE 32, 79, 112

ARMOGATHE, Jean-Robert 14

AUSONE 10

AUSTIN, John 14

BAILLET 10, 22, 24, 25, 46, 92, 100, 130, 131, 134, 135, 136, 137

BALZAC 89

BARTLEBY 22

BEAUGRAND 62

BEECKMAN 45, 87, 99, 100, 110, 111

BERGSON 43

BÉRULLE (cardinal) 27, 129, 131, 133, 134

BEYSSADE, Jean-Marie 14, 15

BOURDIN (Père) 59, 139

BRUNO 90

CALVIN 124

CARCAVI 19

CARRAUD, Vincent 14, 15

CAVAILLÉ, Jean-Pierre 62, 118

CAVELL, Stanley 15

CHANUT 24, 38, 104, 113, 141

CHEVREAU 15

CHRISTINE (reine de Suède) 24, 104

CLERSELIER 76

CLERSELIER 20, 46, 67, 104

COHEN, Gustave 96, 132

COMMENIUS 15

CONDREN 59

CORNEILLE 45

CRÉPON, Marc 15

DAVID 78
DEDEL 28
DELEUZE, Gilles 15, 22, 102
DERRIDA, Jacques 7, 14, 15, 16, 69, 87
DESCARTES, Joachim (demi-frère de René) 93
DESCARTES, Joachim (père de René) 93
DESCARTES, Pierre (frère aîné de René) 25
DOM JUAN 94, 104, 130
DU PERRON (nom de la terre de Descartes) 130

ÉDOUARD (prince palatin, frère de la princesse Élisabeth) 43
ÉLISABETH, Princesse 18, 34, 37, 38, 41, 42, 43, 44, 46, 48, 49, 69, 70, 71, 73, 81, 93, 98, 140, 141

FANFARON (personnage qui promet beaucoup mais tient peu) 62
FERMAT 39, 99
FERRIER 26, 56, 57, 58, 59, 142
FRANCINE (fille de Descartes) 46, 100
FREINSHEMIUS 103, 141
FREUD 43, 135

GALILÉE 65, 91, 100

GASSENDI 60
GIBIEUF (Père) 134
GILSON, Étienne 14, 47, 96, 100, 123, 124, 125, 132, 133
GIRARD, René 13
GLEIZER, Marcos 7
GOLIUS 81
GOUHIER, Henri 96
GUEROULT, Martial 50, 75

HALLYN, Fernand 102
HARVEY 23, 100
HEIDEGGER, Martin 16
HÉLÈNE (héroïne de l'*Iliade*) 38
HOBBES 98
HOGELANDE 142
HUYGENS 26, 38, 66, 89, 102, 103, 107

JANS, Helena (mère de Francine) 46, 100
JAQUET, Chantal 35
JÉRUSALEM 78
JÉSUS-CHRIST 78, 86, 125

KAMBOUCHNER, Denis 14, 51, 52, 74
KANT 29

LAGRÉE, Jacqueline 70
LAPORTE, Jean 14
LAUNAY (DE), Marc 15
LEIBNIZ 102

LEROY, Maxime 22, 45, 46, 129, 130, 131, 133, 135
LÉVY, Lia 7
LORETTE (Notre-Dame de) 27, 135, 136, 137, 138
LUTHER 124

MACHIAVEL 67, 69, 70
MATAMORE 62
MELVILLE, Herman 22
MERSENNE 9, 18, 22, 23, 26, 27, 41, 42, 46, 48, 57, 58, 59, 60, 61, 62, 63, 64, 65, 66, 76, 82, 83, 86, 88, 91, 92, 93, 96, 97, 98, 99, 100, 101, 102, 106, 107, 109, 110, 124, 139, 142
MESLAND (Père) 73, 77, 78
MOLIÈRE 94, 130
MONSIEUR (frère du Roi) 57
MONTAIGNE, Michel de 18
MOREAU, Pierre-François 70
MORIN 57

NASSAU, Maurice de 130
NICÉRON (imprimeur) 97

ONG-VAN-CUNG, Kim Sang 15
ORANGE (prince) 56, 91
OVIDE 22, 48

PANNIER, Jacques 124
PÂRIS 38
PASCAL 19, 99

PICOT (abbé) 42, 67
PIERRE, apôtre 86
PINHEIRO, Ulysses 7
PIRÉ (marquis) 93
PLATON 40, 43
POLLOT 19, 45, 56, 80, 92, 112

RAMOND, Charles 20, 21, 40
REGIUS 45, 60, 102, 108, 109, 111
RENERI 45
RICHELIEU 133
ROBERVAL 39, 99, 109, 110
RODIS-LEWIS, Geneviève 18, 46, 55, 59, 60, 93, 99, 100, 130, 133, 134, 136, 137
ROPARTZ, Sigismond 93
ROUSSEAU 112

SAIN (mari de la marraine de René) 136
SCHOOCK, Martin 90, 92, 140
SEARLE 87
SÉNÈQUE 37
SOCRATE 40
SORBIÈRE 102
SPINOZA 16, 20, 21, 40, 42, 48, 50, 52, 59, 69, 75
STAMPIOEN 19, 28
TALLEMANT DES RÉAUX 130
TALON-HUGON, Carole 14, 53, 54

TANNERY, Paul 14, 25, 60, 143
THOMAS 123, 124, 125, 126
THUILLERIE (M. de la) 90, 140
TRIGLANDUS 141
TROIE 38

ULYSSE 35
UTRECHT 56, 90, 91, 92, 103, 104, 107, 111, 112, 139

VAN SURK 91
VANINI 90, 91
VERBEEK, Theo 90
VOETIUS 90, 92, 102, 106, 107, 108, 140, 142

WASSENAER 28
WILHELM 103, 140, 141
WITTGENSTEIN, Ludwig 16

ZOURABICHVILI, François 41

INDEX LOCORUM

Correspondance
1619-11-10, songes : 10
1622-04-03, à Pierre Descartes : 26
1629-06-18, à Ferrier : 26
1629-09, à Huygens : 26
1630-03-18, à Mersenne : 57, 58
1630-04-15, à Mersenne : 26, 82, 83, 86, 91, 92, 93
1630-05-27, à Mersenne : 82
1630-10-17, à Beeckman : 87, 110
1630-11-04, à Mersenne : 27, 59, 60
1630-11-25, à Mersenne : 61, 62
1630-12-02, à Condren, AT I 189 11 : 59
1630-12-02, à Ferrier : 59
1632-04-05, à Mersenne : 63
1632-06, à Mersenne (lettre XLV) : 63
1633-07-22, à Mersenne : 65

1633-11, à Mersenne : 66
1634-02, à Mersenne : 66
1634-04, à Mersenne : 22
1634-08-21, à Beeckman : 100
1636-03, à Mersenne : 88
1637-03, à Mersenne : 88
1637-04-27, à Mersenne : 48, 96
1637-06-14, à Balzac : 89
1637-06-14, à Huygens : 89
1638-03, à *** : 31, 32
1638-03, destinataire inconnu : 39
1638-05-27, à Mersenne : 99
1638-06-29, à Mersenne : 99, 101
1638-07-13, à Mersenne : 99
1638-10-11, à Mersenne : 100
1639-01-09, à Mersenne : 41
1639-02-09, à Mersenne : 23, 101
1639-06-19, à Huygens : 67

1639-06-19, à Mersenne : 97

1640-01-29, à Mersenne : 98

1640-03-11, à Mersenne : 18, 23, 98

1640-06-11, à Mersenne : 98

1640-05-07, à Pollot : 19

1640-05-24, à Golius : 81

1640-08, à Huygens : 38

1640-08-17, à Wilhelm : 29

1640-08-30, à Mersenne : 9, 124

1640-10-05, à Wilhelm : 29

1640-11-11, à Mersenne : 97

1640-11-18, à Mersenne : 124

1641-01, à Pollot : 80

1641-03-18, à Mersenne : 42

1641-05-27 (?), à Mersenne : 76

1641-12-22, à Mersenne : 106, 139

1642-03, à Pollot ? : 112

1642-12-07, à Mersenne : 106

1643-01-04, à Mersenne : 107

1643-06-28, à Mersenne : 140

1643-07-06, réponse à la citation d'Utrecht : 107

1643-10, à Van Surk : 92

1643-10-23, à Pollot : 57, 112

1643-11-07, à Wilhelm : 103, 140

1643-11-30, à Pollot : 92

1644-01-15, à Pollot : 92

1644-01-22, à M. de la Thuillerie : 90, 140

1645-02-09, au Père Mesland : 73, 77, 78

1645-02-17, au Recteur de l'Université de Groningue : 141

1645-05 ou 06, à Élisabeth : 93

1645-05-18, à Élisabeth : 48, 98

1645-07, à Regius : 108, 109

1645-07-21, à Élisabeth : 49

1645-08-04, à Élisabeth : 34, 37

1645-09-15, à Élisabeth : 38

1645-10-06, à Élisabeth : 48, 49, 81

1645-11-03, à Élisabeth : 42

1646-01, à Élisabeth : 44

1646-09, à Élisabeth : 69, 71, 73

1646-10-12, à Mersenne : 110

1646-11-01, à Chanut : 24, 113

1647-02-01, à Chanut : 38

1647-05-04, aux Curateurs de l'Université de Leyde : 112

1647-05-10, à Élisabeth : 141

1647-05-24, à Wilhelm : 141

1647-12-08, à Huygens : 103

1648-02-21, à Chanut : 104

1648-04-04, à Mersenne : 98
1649-02-22, à Élisabeth : 18
1649-03-31, à Chanut : 141
1649-06, à Freinshemius :
    103, 142
1649-08-17, à Carcavi : 19
1649-08-30, à Hogelande :
    142

Discours de la Méthode
I, AT VI 2 29 : 35
I, AT VI 8 30-9 16 : 18
III, AT AT VI 24 18-25 19 :
    12
III, AT VI 22 30-23 5 : 9
III, AT VI 23 31-24 17 : 8
III, AT VI 24 26-30 : 33
VI, AT VI 69 31-70 3 : 102
VI, AT VI 73 26-74 2 : 19
VI, AT VI 78 4-7 : 20

Le Monde
chap. 5, AT XI 31 13-21 : 21
chap. 7, AT XI 48 7-18 : 21

Meditationes
III, AT VII 48 28-49 5 : 84
Secundae responsiones,
    AT VII 149 9-13 : 34
Sextae responsiones, AT VII
    433 2-3 : 75

Méditations
Préface de l'Auteur au
    Lecteur, AT VII 10 6-9 : 20
III, AT IX-1 39 § 1 83 : 72
IV, AT IX-1 45 : 74
IV, AT IX-1 46 : 74
Secondes réponses, AT IX-1
    116-117 : 34
Sixièmes réponses, AT IX
    232-233 : 75

Passions de l'âme
Préface, AT XI 301 14-302
    11 : 67
Préface, AT XI 324 6-10 : 68
Préface, AT XI 325 21-326
    10 : 68
art. 48 : 49, 51
art. 49 : 51
art. 50 : 49, 51, 52, 53, 54
art. 63 : 39
art. 152 : 76
art. 153 : 47
art. 170 : 36
art. 191 : 39, 48

Principes
Lettre-Préface, AT IX-2 11
    29-12 3 : 22
Lettre-Préface, AT IX-2 19
    25-20 5 : 102

Regulae
R4, AT X 373 14 : 50
R4, AT X 373 3 : 50

R8, AT X 399 24 : 50
R8, AT X 399 26 : 50
R13, AT X 433 14 : 50

TABLE DES MATIÈRES

INTRODUCTION 7

CHAPITRE PREMIER. PROMESSES SOUPÇONNÉES, PROMESSES
SACRALISÉES 17
    (D1) La méfiance à l'égard des promesses 17
    (D2) « Je soussigné m'oblige… » 25

CHAPITRE II. FIDÉLITÉS ET CONVERSIONS 31
    Irrésolution, résolution, obstination 31
    (D2) Valorisation de la fidélité, critique de l'irrésolution 37
    (D1) Justification des changements, petits ou grands 39
    Générosité et dressage ; « esprits forts » et « esprits faibles » 46

CHAPITRE III. TENIR PAROLE ? PUISSANCE, CONSTANCE ET
INCONSTANCE 55
    Les promesses de Descartes.. 56
        (D2) La rupture avec Ferrier 56
        (D1) La publication du traité du Monde, *et des*
            Passions de l'âme 61
    Les promesses des Princes.. 68
        (D1-D2) Descartes lecteur de Machiavel 68
        (D1-D2) Indifférence et libre-arbitre 73

Deus non est fallax 78
   (D2) *La promesse du monde* 78
   (D1-D2) *« Création des vérités éternelles » et*
   « création continuée » 82

CHAPITRE IV. ABJURER, DÉSAVOUER, OU PERSISTER ET SIGNER ?.. 85
   (D1) Désavouer, renoncer, abjurer 86
   (D2) Persister et signer 97

CHAPITRE V. PROMESSES ET CALOMNIES : DISCOURS PUBLICS,
DISCOURS PRIVÉS 103
   (D2) L'honneur par la publication 105
   (D1) Limites de l'engagement public 110

CONCLUSION.. 115

DOCUMENTS ET DISCUSSIONS
   1. Contre les critiques de Descartes : défense théologique
     des « vœux ».. 123
   2. Sur l'aspect « résolument fuyant » de Descartes, et sa
     rencontre avec le Cardinal de Bérulle............................ 129
   3. Descartes a-t-il accompli son « vœu » de pèlerinage
     à Notre-Dame de Lorette ? 135
   4. Calomnies, médisances et impostures................................ 139

BIBLIOGRAPHIE 143
INDEX NOMINUM.. 147
INDEX LOCORUM.. 151
TABLE DES MATIÈRES 155

ACHEVÉ D'IMPRIMER
EN DÉCEMBRE 2010
PAR L'IMPRIMERIE
DE LA MANUTENTION
A MAYENNE
FRANCE
N°763784C

Dépot légal : 3ᵉ trimestre 2011